FRÉDÉRIC PITON

SIÈGE DE STRASBOURG

JOURNAL
D'UN
ASSIÉGÉ

NOTES ET DESSINS PAR ALFRED TOUCHEMOLIN

PARIS
CHARLES SCHLAEBER, IMPRIMEUR-ÉDITEUR
257, RUE SAINT-HONORÉ, 257

MCM

SIÈGE DE STRASBOURG

JOURNAL

D'UN

ASSIÉGÉ

Exemplaire N°

FRÉDÉRIC PITON

SIÈGE DE STRASBOURG

JOURNAL D'UN ASSIÉGÉ

Notes et Dessins par Alfred TOUCHEMOLIN

PARIS
CHARLES SCHLAEBER, IMPRIMEUR-ÉDITEUR
257, Rue Saint-Honoré, 257

MCM

PRÉFACE

Raconter après beaucoup d'autres, l'histoire du siège de Strasbourg, peut sembler téméraire ou superflu.

Que d'auteurs en effet ont minutieusement et véridiquement décrit les diverses phases de cette lutte mémorable, la marche des opérations militaires, les progrès journaliers des travaux d'approche, les effets foudroyants de l'artillerie prussienne, etc.

Mais aucun livre n'est encore venu nous apprendre ce que pouvait être la vie quotidienne, intime d'un bourgeois non appelé à combattre ; rien ne nous a fait pénétrer dans l'intérieur d'une famille, ne nous a laissé deviner ses sentiments, ses craintes, ses espoirs.

C'est à un journal régulièrement tenu par Fréd. Piton, un Strasbourgeois de vieille roche, qu'il est réservé de nous initier à l'existence d'un chef de famille pendant cette époque si troublée. Nous verrons ce courageux citoyen employer toute son énergie à tenir tête au danger et réussir au prix de grands efforts et non sans courir de sérieux risques, à sauvegarder son modeste avoir.

C'est à ce titre qu'il nous a paru intéressant de faire connaître ce journal, si émouvant dans sa simplicité, jeté sur le papier, le soir d'une journée souvent bien mouvementée.

Puisse la lecture de ces pages, intéresser tous ceux qui n'ont pas pu, ni voulu, oublier les heures tragiques de ce siège célèbre.

Les illustrations qui accompagnent le texte sont, en majeure partie, dessinées d'après nature ou exécutées sous l'impression directe des choses vues.

L'ÉDITEUR.

Frédéric Piton naquit à Strasbourg, le 16 mars 1800. Après avoir passé par les classes du Gymnase, il fut placé dans un atelier de reliure et c'est comme compagnon relieur qu'il fit, sac au dos, son tour d'Europe. 1817 à 1820. (1)

Très jeune encore, il obtint une place de bibliothécaire-adjoint à la bibliothèque municipale, puis fut nommé bibliothécaire à la Faculté de droit et enfin bibliothécaire de l'Académie. C'est au contact des riches collections d'alsatiques, des précieux manuscrits ornés de délicates miniatures que renfermait alors cette bibliothèque, qu'il prit ce goût des arts du dessin, qu'il se sentit inspiré du désir de fouiller, d'interroger ces vieilles chroniques qui lui racontaient les hauts faits des ancêtres.

Bientôt il conçoit l'ambitieux projet de reproduire par le crayon, l'intéressant panorama de Strasbourg et de ses environs, qu'il a si souvent admiré du haut de la plateforme de la cathédrale, C'est en 1838 qu'il commence à le mettre à exécution et qu'il retrace avec une entière fidélité, non seulement les maisons, les monuments de la ville, mais encore la campagne environnante, ainsi que les deux

(1) Il existe dans quelques collections d'amateurs des modèles de reliure exécutés par Piton avec un goût parfait et une entière connaissance de cet art.

chaînes des Vosges et de la Forêt-Noire, dont chaque cime est nettement étudiée et cotée. Ainsi qu'il le dit lui-même dans l'Introduction de son ouvrage, il lui fallut quatre années pour mener à bonne fin ce travail de bénédictin : « J'employai à ce travail mes heures de loisir et après quatre années de persévérance qu'une volonté ferme et opiniâtre a seule pu soutenir, je suis parvenu à créer le tableau que je présente aujourd'hui ».

Deux volumes de texte, avec une soixantaine de planches, sites et costumes, etc.. complétèrent ce panorama et constituèrent son *Strasbourg Illustré*, œuvre capitale, véritable monument élevé à la gloire de sa ville natale. (1854).

Quand vint la guerre de 1870, Piton qui dès les premiers jours en appréhenda les désastreuses conséquences, crut de son devoir d'honnête homme, de bon Français, d'adresser à l'Empereur une lettre dans laquelle il le suppliait de ne pas jeter la France dans les hasards d'une guerre qui pouvait devenir si néfaste.

« Avec un courage et une franchise qui le placent au niveau des citoyens des anciennes Républiques, s'autorisant de sa triple dignité de *vieillard*, témoin de la vie si agitée de ce siècle, de *citoyen* pénétré d'amour pour la patrie, d'*homme* enfin, longtemps nourri d'études historiques, il conjure celui auquel la nation venait si imprudemment de renouveler le mandat et de confirmer le pouvoir absolu, de ne point amener une guerre imprudente qui n'a d'autre cause que l'ambition de deux souverains.

« Hélas ! nous savons de quelle façon ces conseils civiques furent écoutés et comment des désastres aussi effrayants qu'inouïs ont suivi la déclaration de guerre ». (1)

Les événements se précipitent. Dès les premiers jours de l'investissement de Strasbourg, Piton malgré ses soixante-dix ans, cherche encore à se rendre utile. Fort de son extrême connaissance des environs de la ville, il offre à l'état-major de s'installer, armé de sa longue-vue, sur la plateforme de la cathédrale et de le renseigner sur les positions de l'ennemi. Cette offre resta sans réponse.

(1) Discours prononcé aux funérailles de Piton par le pasteur Leblois.

Pendant ces terribles journées de bombardement, pendant ces nuits plus terribles encore, Piton ne quitte presque plus la terrasse de sa maison de la rue du Temple-Neuf ; de là il découvre la cathédrale dans tout son développement. Ainsi qu'en témoigne son journal, il prend note exacte des endroits de l'édifice frappés par les obus ; il en détermine soigneusement les dégâts sans se laisser distraire par les projectiles qui parfois, éclatent dans le voisinage de son poste aérien.

C'est avec une indignation profonde qu'il constate ainsi, jour par jour, les mutilations infligées à cette cathédrale qui lui était si chère, mutilations que n'autorise aucune loi de guerre.

Cet homme de bien, ce courageux citoyen, ce « brave Piton » comme l'appelaient familièrement ses amis, mourut le 12 juillet 1871, des suites d'une maladie contractée pendant le siège.

Le nom de Frédéric Piton a sa place marquée à côté de celui des Silbermann, des Strobel, des Friesé ; il appartient désormais à l'histoire de l'Alsace.

ALF. TOUCHEMOLIN.

INTRODUCTION

Depuis 1866, l'Allemagne tendait énergiquement à une concentration nationale.

Confiante en ses droits, sûre d'elle-même, elle aspirait résolument à la conquête d'une unité qui devait faire d'elle une puissance formidable. Pour obtenir ce résultat, pour grouper en un seul faisceau les forces éparses du pays, il fallait une commotion extérieure, il fallait une guerre (1).

(1) « Pendant que nous délibérons pompeusement sur ce qu'il conviendrait de faire pour avoir une armée, la Prusse se propose tout simplement et activement d'envahir notre territoire.

« Elle sera en mesure de mettre en ligne 600,000 hommes et 1,200 bouches à feu avant que nous ayons songé à organiser les cadres indispensables pour mettre au feu 300,000 hommes et 600 bouches à feu.

« De l'autre côté du Rhin, il n'est pas un Allemand qui ne croie à la guerre dans un avenir prochain. Les plus pacifiques considèrent la lutte comme inévitable et ne comprennent rien à notre inaction. »

Général Ducrot au général Trochu. 7 déc. 1866.

Napoléon III commit la lourde faute de la déclarer et amena ainsi cette fusion si ardemment désirée par les Allemands.

Ami de l'humanité et de la paix, persuadé d'ailleurs que la plupart de mes concitoyens partageaient mes dispositions, je crus devoir, pour l'acquit de ma conscience, adresser par l'entremise du prince Murat, grand-maître de l'ordre maçonnique en France, une pétition à l'empereur en faveur du maintien de la paix. Si cinquante mille citoyens en eussent fait autant, une pareille manifestation eût probablement exercé une certaine influence en haut lieu.

Mais que pouvait faire une voix isolée?

Voici cette pétition :

Le 12 juillet 1870.

Sire,

Vieillard aimant l'humanité et la patrie avant tout.

Citoyen mêlé à l'agitation politique de ce siècle.

Employé de l'État (1), ayant prêté serment au gouvernement.

Alsacien, parfaitement renseigné sur les sentiments de nos voisins d'outre-Rhin, qui tout en détestant la morgue et la domination prussiennes, veulent rester Allemands, je crois de mon devoir de présenter à votre Majesté la présente supplique.

Je l'adjure de ne pas déchaîner les horreurs de la guerre sur la paisible Europe et surtout de profiter d'un moment plus favorable, d'une raison plus plausible, pour attaquer la Prusse, si toutefois l'honneur de la France nous impose cette agression.

C'est à l'Autriche jalouse de venger l'affront de Sadowa, qu'il appartient de donner le signal de cette lutte. Si alors la France jette son glaive dans la balance des batailles, nos braves soldats seront reçus en libérateurs, non seulement par les Hanovriens, les Hessois et les Nassauviens, mais encore par les Saxons, les Wurtembergeois, les Bavarois, qui tous craignent la prussification de leur pays.

Tandis qu'aujourd'hui toute l'Allemagne se lèvera pour com-

(1) Piton était à ce moment bibliothécaire de l'Académie.

battre « l'ennemi héréditaire », et de nos victoires mêmes, sortira une coalition des peuples allemands ligués contre nous.

Et alors! Que de sang, que de ruines!

Mon cœur d'honnête homme, de patriote, d'ami de l'humanité me dicte cette supplique. Quoique ma faible voix soit l'expression de la vérité et de la conviction, je sais qu'elle n'exercera aucune influence, mais c'est pour l'acquit de ma conscience que j'ai l'honneur de la faire entendre à Votre Majesté, comme son très humble et obéissant serviteur.

FRÉD. PITON.

La guerre est déclarée.

Les 600,000 hommes que la France doit pouvoir mettre sur pied (1), permettent d'espérer qu'elle est en mesure de la soutenir victorieusement. Mais où est l'élan patriotique ? L'Empereur ne possède ni le respect, ni l'estime de la nation ; il n'a d'autre appui que celui de l'armée.

---

(1) On croyait couramment en Alsace que c'est à ce chiffre que s'élevait la force de l'armée française. Les affirmations réitérées du président du Conseil, des différents ministres de la guerre, ne semblaient pas laisser le moindre doute à cet égard.

« Quoi ! s'écriait le maréchal Randon, une nation comme la France qui peut réunir sous ses drapeaux 600.000 soldats, qui a dans ses arsenaux 8,000 pièces de canon de campagne, 1.800.000 fusils, ne serait pas toujours prête à soutenir son honneur compromis. » Avril 1867.

Deux ans plus tard, le maréchal Niel déclarait :

« Je ne veux pas répéter ce que j'ai dit plusieurs fois, comment l'armée peut entrer en huit jours sur le pied de guerre et avoir 600,000 hommes bien armés et aguerris ; il n'y a qu'un ordre à donner.

« Toutes les forces militaires sont prêtes ; le pays peut être parfaitement tranquille, se livrer à son commerce, à son industrie en toute sécurité, Il sait

Tout vieux que je suis, j'aurais été heureux de me rendre utile en d'aussi graves circonstances. Je résolus donc de m'installer sur la plateforme de la cathédrale et de signaler à l'aide de ma longue-vue, les mouvements de l'armée ennemie. Mais je ne pus pas mettre ce projet à exécution, défense expresse était faite de monter dans les tours des églises (1).

---

qu'il ne sera pas pris au dépourvu et que si le moment de combattre venait, tout le monde serait prêt. »

Rouher, le plus éminent homme d'État de l'empire, ne craignait pas de confirmer ces déclarations, quand le 16 juillet 1870, il présentait à l'empereur l'adresse du Sénat. Ce parfait modèle de flatterie se terminait ainsi: « Grâce à vos soins, la France est prête, Sire, et par son enthousiasme, elle prouve que comme vous, elle était résolue à ne tolérer aucune entreprise téméraire.

« Si l'heure des périls est venue, l'heure de la victoire est proche, le génie de l'empereur le lui garantit. »

En réalité, la force de l'armée française était de 264.600 hommes, 756 canons et 144 mitrailleuses. La garde nationale mobile n'existait que sur le papier ; elle n'était ni armée, ni habillée, jamais on ne l'avait réunie.

L'histoire dira qu'au milieu d'une ère de paix et de prospérité, malgré les milliards accordés au budget de la guerre, malgré les avertissements réitérés de quelques officiers plus sérieux ou plus clairvoyants, le gouvernement impérial se trouva impuissant à envoyer à la frontière une armée assez forte pour arrêter un ennemi qu'il avait provoqué.

La faiblesse numérique des régiments qui traversaient Strasbourg, inquiétait les esprits attentifs ; les trois bataillons réunis ne comptaient guère que quinze à seize cents combattants.

Les arsenaux n'étaient pas mieux approvisionnés. Quand le général Ducrot prit le commandement de la 6me division militaire, il constata que sur les deux mille bouches à feu que renfermait l'arsenal, quatre ou cinq cents au plus, pouvaient être útilement employées. « Tout le reste était du vieux bronze. Il y avait là des boulets en pierre du temps de Louis XIV et une quantité énorme de fusils à silex. »

Quant à l'armée allemande forte sur le pied de paix de 445,392 hommes, elle atteignait par l'adjonction de ses réserves, le chiffre formidable de 1,519,104 combattants.

(1) Pour donner plus de poids à cette défense, on afficha le 16 août l'avis suivant :

« Il est expressément défendu, sous aucun prétexte, de monter ou de stationner sur les tours des églises ou sur les plateformes des édifices publics de la ville, à moins d'une permission personnelle délivrée par le général commandant supérieur ou par le préfet.

« Tout individu surpris en contravention au présent ordre sera arrêté. »

J'écrivis alors la lettre suivante au préfet et au général de division.

Le 23 juillet.

Monsieur,

J'ai voulu monter aujourd'hui sur la plateforme de la cathédrale pour explorer les environs de la ville, mais je me suis heurté à une consigne sévère.

Auteur de *Strasbourg Illustré*, connaissant à fond notre belle vallée, l'ayant parcourue dans tous les sens, ayant gravi ses montagnes, je crois être à même de rendre des services dans la situation actuelle, par mes observations ou par les renseignements utiles que je pourrai fournir à l'officier d'état-major chargé de ce service.

Je vous prie donc, Monsieur, de faire en ma faveur une exception à cette défense en m'accordant l'autorisation nécessaire.

Veuillez recevoir, etc.

F. Piton.

Ni le général, ni le préfet ne daignèrent répondre à cette lettre.

General Uhrich
General de Werder
Mon Journal.

Mardi, 19 juillet.

QUEL est ce morne silence qui règne autour de moi ? Pourquoi cette solitude qui contraste tant avec le mouvement des jours précédents ? Ma salle de lecture est délaissée. Beaucoup d'étudiants appelés par le service de la garde mobile, ont dû quitter la ville; quelques-uns sont entrés dans les rangs de l'armée comme engagés volontaires.

La cour du quartier d'artillerie (1) situé en face de l'Académie, fourmillait ces jours derniers de chevaux ramenés par les cultivateurs qui les tenaient en pension. Les officiers et les vétérinaires examinaient ces chevaux dont la plupart paraissaient fringants et bien nourris. C'était un tableau plein de vie et d'animation.

Aujourd'hui la cour est silencieuse et triste; un soleil de plomb

(1) Le quartier Saint Nicolas.

pèse sur cette vaste étendue. Les plantes du jardin du quartier, si bien soignées et arrosées en temps ordinaire, se penchent desséchées

et languissantes; les soldats ont bien autre chose à faire que de les entretenir. Ils travaillent tous à l'armement des remparts et des ouvrages avancés.

En allant chez le Recteur, je remarque dans la cour des lauriers qu'avait renversés le vent du Nord. Serait-ce un présage?

CONSTRUCTION DES BATTERIES

Mercredi, 20.

En me rendant hier soir au jardin (1), j'aperçus un certain nombre de pièces d'artillerie, tout récemment placées en batterie sur les remparts et dans les avancées.

Ce matin, A. Weyer, l'entrepreneur des fortifications, fait procéder par ses ouvriers au palissadement des glacis.

Le pont de bateaux établi sur le Rhin devant Kehl, est rompu depuis samedi; les pontonniers ont été occupés toute la nuit du 16 au 17 à rentrer leur matériel en ville. Le passage du fleuve se fait par nacelles et coûte un franc par personne.

Les nombreux Français en villégiature dans le grand-duché de Bade, sont obligés pour rentrer en Alsace, de passer par Bâle qui déborde de monde. On raconte que l'accumulation des voyageurs est telle que les hôtels sont dans l'impossibilité de les recevoir tous; bon nombre passent la nuit sur les trottoirs de la gare, assis sur leurs malles; d'autres plus heureux trouvent à prix d'or un abri dans les wagons ou dans les omnibus. D'abominables poussées se produisent au moment du départ des trains.

De nombreuses troupes sont arrivées cette nuit à la gare d'Austerlitz et sont dirigées sur le *Polygone* (2), où elles dressent leurs petites tentes.

Beaucoup de ces soldats sont pris de vin, incapables de supporter le poids de leurs armes et de leur équipement; ils s'étendent le long de la route pour dormir. Cette ivresse provoquée par les boissons de

(1) Piton habitait en été un petit pavillon entouré d'un joli jardin qu'il se plaisait à cultiver. Ce pavillon faisait partie d'un vaste enclos dit : *Hetzelsmühl*, situé non loin de la ville, au bord de l'Aar, derrière la promenade du Contades. Outre ce pavillon, l'enclos renfermait plusieurs autres maisons avec jardins, habitées, l'une par le propriétaire du domaine, M. Schlaeber, les autres, par deux jardiniers maraîchers et par d'autres personnes de Strasbourg désireuses d'avoir un pied-à terre à la campagne.

(2) A trois kilomètres de la ville, dans le voisinage du Rhin.

toutes espèces que chacun prend plaisir à leur offrir, relâche terriblement les liens de la discipline. Les hommes obéissent mal à leurs

officiers et j'entends l'un de ceux-ci dire à un camarade : « Mon cher, si cela continue de ce train, nous sommes flambés. »

Jeudi, 21.

Malgré les nombreux soldats qui parcourent les rues, qui remplissent les magasins pour faire leurs provisions, la ville est encore assez calme.

Une compagnie de pontonniers est partie ce soir par le chemin de fer, conduite jusqu'à la gare par la musique du régiment qui jouait la *Marseillaise*. Une foule énorme escortait les soldats et répétait avec enthousiasme le vieux chant républicain. Je me disais en écoutant l'écho lointain de ces fiers refrains qui m'arrivait jusqu'au jardin : « Celui qui, tout récemment encore, se fût permis de faire entendre cet air si éminemment français et patriotique, eût été bien vite empoigné par le premier sergent de ville venu; aujourd'hui qu'on a besoin d'élan et d'énergie, on le fait jouer par la musique des régiments. Quelle comédie ! »

Vendredi, 22.

Plusieurs régiments arrivés cette nuit se sont installés sur les glacis de la place. Les troupes qui campaient au *Polygone* ont été

dirigées sur Haguenau; c'est un régiment de zouaves qui les remplace.

Les rues de la ville sont remplies de soldats de toutes armes qui rejoignent leurs corps; ces hommes sont pour la plupart affamés et épuisés de fatigue. La population les accueille avec empressement et leur distribue vivres et boissons. Je suis étonné du peu d'enthousiasme de nos soldats; je me rappelle fort bien qu'en 1814 et 1815, malgré la gravité des circonstances, on criait énergiquement : Vive Napoléon ! Vive l'empereur !

Rien de pareil aujourd'hui. Mais aussi quelle différence entre le génie de Napoléon Ier et celui de son neveu.

Samedi, 23.

Il arrive beaucoup de cavalerie; les chasseurs campent sur les glacis, les hussards traversent la ville, se dirigeant sur Brumath.

Les troupes d'Afrique continuent à venir renforcer l'armée du Rhin. Cette fois, c'est un régiment de tirailleurs indigènes, turcos, que l'on fait bivouaquer sur les glacis, devant la porte de Saverne. Il paraît que l'on est forcé de les éloigner de leurs rivaux, les zouaves campés au *Polygone,* pour éviter les rixes qui, trop souvent, éclatent entre ces deux corps (1).

Dimanche, 24.

Nous avons passé la journée en famille au jardin, comme nous le faisions régulièrement avant cette malheureuse guerre.

Dans la matinée, je vais en compagnie de mon gendre et de mon fils (2), visiter les campements d'un régiment d'infanterie établis

(1) Afin de rétablir la bonne harmonie entre ces troupes rivales, une députation de six sous-officiers de zouaves se rencontra par ordre supérieur, avec autant de leurs collègues des turcos; ils se serrèrent les mains et au nom de leurs camarades, se promirent paix et amitié.

(2) M. A. Mathey, négociant, et le peintre Alf. Touchemolin, beau-fils de Piton.

sur la promenade Le Nôtre à la Robertsau. A ce moment arrivait le 3e bataillon de ce régiment venant du *Polygone;* la journée était chaude et la marche avait dû être bien pénible, à en juger par l'extrême lassitude de ces pauvres garçons. Trois voitures suivaient le bataillon et recueillaient les trop nombreux éclopés.

Nous en réconfortons plusieurs avec de la bière, du pain et du fromage; des cigares et du tabac sont acceptés avec plaisir.

Lundi, 25.

Les mouvements de troupes continuent. Hussards et cuirassiers traversent la ville; un régiment de chasseurs monté sur de fringants petits chevaux arabes, établit ses bivouacs au dehors de la porte

des Juifs, sur les glacis de gauche. Sur ceux de droite, les pontonniers ont installé leurs parcs et équipages de pont.

Tous ces uniformes, tout ce mouvement encore accentué par la gaieté et l'insouciance françaises, présentent le plus étonnant coup d'œil.

A la Robertsau, les officiers de marine préparent des cales de construction pour le montage des chaloupes canonnières que l'on vient de nous envoyer (1).

(1) Le détachement de marins envoyé à Strasbourg pour équiper et monter les chaloupes canonnières de la flottille du Rhin, se composait de 43 matelots et de 50 ouvriers maritimes, auxquels on adjoignit 74 conscrits de Strasbourg et d'Alsace désignés pour la marine et retenus par les événements.

Le contre-amiral Excelmans commandait en chef, assisté du capitaine de vaisseau Bergasse du Petit-Thouars. A ces officiers s'ajoutèrent volontairement le lieutenant de vaisseau Bauer, de Wissembourg, l'enseigne de vaisseau Humann, neveu du maire de Strasbourg, le médecin de marine Grosse, en congé à Strasbourg, et le commissaire de marine Fournier.

Les marins furent chargés de la défense de la lunette 56 et des ouvrages 62 et 63, où ils faisaient le service par bordées. Ils s'y comportèrent admirablement et laissèrent à Strasbourg le souvenir d'une troupe d'élite, brave et disciplinée. Leurs pertes furent sérieuses : 12 tués, 34 blessés, dont le capitaine du Petit-Thouars et les lieutenants Bauer et Humann.

LE PONT DU CHEMIN DE FER SUR LE RHIN APRÈS L'EXPLOSION

CAMP DU TRAIN AUXILIAIRE

Mercredi, 27.

DEPUIS quinze jours il n'est pas tombé une goutte d'eau; la chaleur excessive m'oblige à aller tous les soirs au jardin pour arroser mes plantes. La nuit dernière éclata un violent orage et d'abondantes ondées vinrent rafraîchir la température. Dispensé de l'arrosage, je pus passer la soirée en ville et je me rendis à la gare du chemin de fer, désirant assister à l'arrivée et au débarquement des troupes.

Je trouve la gare remplie de soldats de toutes armes, qui attendent, sac au dos, le départ des trains qui doivent les conduire à destination; des parents, des camarades, des jeunes filles les entourent. L'animation est extrême; dans certains groupes retentissent de joyeux appels, de bruyantes conversations; dans d'autres au contraire s'échangent de tristes adieux. Que d'au-revoir qui ne se réaliseront pas !

Mais voici le sifflet de la locomotive qui déchire l'air de son bruit strident; c'est un bataillon d'infanterie qui arrive et qui, aussitôt débarqué, se dirige, tambours et clairons en tête, vers la porte de Pierres pour gagner avant la nuit un village des environs.

Quittant la gare, je vais au Broglie où tous les soirs la population se porte en foule. Là se pressent et se heurtent dans les allées, généraux, intendants militaires, officiers de tous grades, coquettes infirmières venues de Paris, « trop belles pour rien faire », dames en éclatants costumes, hommes aux habits sombres, cocottes à la toilette tapageuse. Les tables du café Bauzin sont envahies, celles du café du Globe sont prises d'assaut par les élèves de l'École de santé militaire. Bon nombre d'enfants d'Israël circulent autour de ces groupes, espérant happer au passage une nouvelle importante et en faire leur profit. Par moments, les cuivres de la musique militaire envoient leurs éclats à travers tout ce tumulte et cette agitation.

La tête me tourne dans une bagarre pareille, moi qui depuis longtemps suis habitué à une vie calme et tranquille; je suis content de regagner mon domicile tout en rêvant à la façon singulière dont on prépare une telle guerre.

Samedi, 30.

Les troupes continuent d'arriver; il doit y avoir maintenant de trente à quarante mille hommes en Alsace. Le maréchal de Mac-Mahon est installé depuis quelques jours au Château impérial, devenu son quartier-général (1).

(1) Le maréchal de Mac-Mahon était arrivé à Strasbourg, le 22 juillet, accompagné de ses aides-de-camp, les colonels d'état-major d'Abzac et Broye.

On entendra bientôt gronder le canon.

Les magasins de victuailles de la ville sont bondés d'acheteurs

militaires; les selliers, les fabricants d'équipement ne peuvent suffire aux demandes des officiers qui ont à compléter leurs équipages de campagne.

Rien n'excite autant la curiosité du public que le camp des turcos

Son état-major se composait de :
Chef d'état-major : général de brigade Colson.
Commandant l'artillerie : général de division Forgeot.
Commandant le génie : général de brigade Lefrettevillois.

établi sur les glacis à gauche de la route de Hausbergen; on n'avait, en effet, jamais eu occasion en Alsace de voir pareille réunion de troupes indigènes d'Afrique. Aussi, nombreux sont les curieux qui viennent visiter les enfants de notre grande colonie africaine, ces Arabes, ces Kabyles, ces nègres, si pittoresques tous, sous leur veste bleu clair, leur chechia rouge, leurs larges culottes retombant sur une haute guêtre d'une blancheur éblouissante.

Je voulus faire comme tout le monde et le soir après dîner, je pris une citadine pour aller voir ces soldats aux allures si nouvelles pour nous.

Leurs petites tentes sont dressées sous les arbres; tout le long du front de bandière, les fusils sont formés en faisceaux; au centre de la ligne se dresse fièrement le drapeau du régiment décoré de la Légion d'honneur.

Sur l'un des côtés du camp sont établis les fours de campagne creusés en terre.

En me promenant au milieu de ces rangées de tentes, je fis la connaissance d'un jeune sous-lieutenant indigène, du type le plus pur, parlant un peu le français. Dans le cours de la conversation, je lui promis des recommandations pour quelques amis habitant l'Allemagne, recomman-

Tissier, chef d'escadron d'état-major.
De Vaulgrenant, chef d'escadron d'artillerie.
De Vogüé, capitaine de spahis.
B. d'Harcourt, capitaine de chasseurs à cheval.
E. d'Harcourt, capitaine de la garde mobile.
Murat, lieutenant de chasseurs d'Afrique.
Marescalchi, lieutenant de zouaves.
De Villeroy, maréchal des logis de spahis, porte fanion.

Le maréchal quitta Strasbourg dans la matinée du 5 août et rejoignit l'armée par la voie du chemin de fer. Son état major était parti la veille, à cheval.

AU CAMP DES TURCOS

dations qui pourront lui devenir utiles, après que l'armée aura traversé le Rhin.

Dimanche, 31.

Je pars de bonne heure pour Dorlisheim. Je veux me donner le plaisir de passer quelques heures auprès de mon beau-frère Victor et de sa famille. Nous dînons ensemble en nous entretenant des graves éventualités que nous réserve sûrement un avenir menaçant.

C'est la grande, l'unique préoccupation; on ne parle que de cela.

Quitté Dorlisheim par une pluie battante qui empêche les dames de m'accompagner pour voir, elles aussi, l'installation des turcos.

Je suis de retour à Strasbourg à quatre heures. J'ai donc le temps d'aller jusqu'au camp arabe pour revoir mon jeune sous-lieutenant, mais je ne puis le retrouver, ne connaissant ni son nom, ni le numéro de sa compagnie ou de son bataillon. J'allais y renoncer quand je l'entendis qui m'appelait. Du fond de sa tente, il m'avait vu passer et m'invita à entrer.

Bien abrités de la pluie, nous devisons tranquillement tout en fumant.

Selon la promesse faite, je lui écrivis sur deux de mes cartes les noms et adresses de mes amis K... et H... de Carlsruhe. Quand enfin la pluie eut cessé de tomber, nous prîmes une bonne tasse de café à la cantine.

Ma nouvelle connaissance s'appelle Mohamed ben Moktar, 1re compagnie, 2e bataillon; il est né à Mostaganem. « Allah soit avec toi », lui dis-je, en me séparant de lui. Le reverrai-je jamais?

Mardi, 2 août.

Depuis quelques jours, on rencontre par groupes dans les rues, des jeunes gens, réservistes ou conscrits appelés à Strasbourg pour être versés dans les différents corps. L'intendance les néglige et ne fait rien pour les entretenir. Aussi plusieurs d'entre eux, à bout de ressources, ont repris le chemin de leurs villages d'où ils reviendront probablement conduits par les gendarmes. D'autres en sont réduits, pour se procurer quelque nourriture, à demander aux passants un peu d'argent qu'on leur donne bien volontiers (1).

C'est aujourd'hui que la garde mobile du Bas-Rhin est réunie et casernée. Là aussi, l'organisation laisse bien à désirer; ces jeunes gens ne sont encore ni armés, ni habillés.

UNE GRAND'GARDE (PONT DU PETIT RHIN)

Une dépêche télégraphique nous apporte ce soir la nouvelle de la première victoire (2).

(1) Déjà en 1859, l'empereur avait constaté cette incurie et ce défaut d'ordre, quand il écrivait à la date du 29 mai 1859, au ministre de la guerre : « Ce qui me désole dans l'organisation de l'armée, c'est que nous avons toujours l'air en présence d'autres armées, même de l'armée sarde, d'enfants qui n'ont jamais fait la guerre. Vous concevez que ce n'est pas un reproche que je vous fais; je ne l'adresse qu'au système général qui fait qu'en France nous ne sommes jamais prêts pour la guerre. »

(2) On fit grand bruit de cette victoire. On parlait à Strasbourg de 1.700 Prus-

Saarbruck est occupée par les Français; le prince-impérial a pris part à ce fait d'armes.

Mercredi, 3.

Les zouaves, le 48e de ligne et l'artillerie, campés au polygone, viennent de partir pour Haguenau. C'est à cette occasion que j'ai pu voir pour la première fois les mitrailleuses, ce terrible engin qu'on a caché jusqu'à présent avec un soin si jaloux et dont l'action destructive à laquelle rien ne saurait, paraît-il, résister, doit nous donner une victoire assurée.

siens tués ou blessés, de centaines de prisonniers. Cette « jolie affaire », comme l'appelait le maréchal Lebœuf, se bornait à l'attaque de Saarbruck, défendue par un bataillon, trois escadrons de hulans et quatre canons, attaque pour laquelle on mit en mouvement tout le corps du général Frossard (2e).

Vendredi, 5.

Hier matin, on a entendu dans la direction du nord, le bruit d'une lointaine canonnade. Pendant toute la matinée, la population attendit anxieusement des nouvelles.

Ce n'est que vers le soir que nous apprenons le sanglant échec de Wissembourg. Les troupes françaises, après des efforts héroïques, après s'être battues un contre dix (1), ont dû céder le champ de bataille. Wissembourg est en flammes. Le général Douay a été tué; des malveillants prétendent même qu'il est tombé sous les

---

(1) La division Abel Douay, 2e du 1er corps, était ainsi composée :

Commandant : général de division A. Douay.
Chef d'état-major : colonel Robert.
Commandant l'artillerie : lieutenant-colonel Cauvet.
Commandant le génie : chef de bataillon Dhombre.

1re brigade : général Montmarie.
16e bataillon de chasseurs.
50e régiment de ligne.
74e — —

2e brigade : général Pellé.
78e rég. de ligne.
1er rég. tirailleurs indigènes.

Artillerie : 9e et 12e batteries, de 4; 10e batterie, mitrailleuses, du 9e régiment.
Génie : 8e compagnie du 1er régiment.
Cavalerie : 3e régiment de hussards, 11e régiment de chasseurs. (La configuration du terrain ne permit pas de faire combattre cette cavalerie).

Les troupes engagées pendant la bataille furent les suivantes : le 50e de ligne,

coups d'un officier français qui le soupçonnait de trahison (1). Le temps éclaircira cette question.

Mon fils, parti ce matin pour Bischwiller, en est revenu ce soir à pied, les trains de voyageurs ne circulant plus. Il nous apprend que Bischwiller et Haguenau sont dégarnies de troupes, que l'armée française se concentre autour de Reichshoffen et de Niederbronn. Une bataille est imminente. Il a vu l'affolement des gens des campagnes qui fuient devant l'invasion, leurs meubles entassés sur une charrette.

Aussi se refuse-t-il à croire à la nouvelle qui tout à coup se répand en ville, annonçant une grande victoire. Mac-Mahon, disait-on, a cerné les Prussiens dans les bois et les a exterminés par milliers.

Quelques maisons du faubourg de Pierres se pavoisèrent. D'où venait cette rumeur? Personne ne sut en indiquer la provenance (2).

---

deux bataillons du 74e, le 1er régiment de tirailleurs et la compagnie du génie, en tout huit bataillons, une compagnie, avec 18 bouches à feu. Le 16e bataillon de chasseurs, ainsi que le 78e de ligne avaient été détachés du côté de Niederbronn et du Pigeonnier; quant au 3e bataillon du 74e, on l'avait laissé dans Wissembourg pour la défense de cette ville.

Maîtres de Wissembourg, les Allemands portèrent leurs masses contre les positions françaises du Geisberg. Les têtes de colonne des 5e et 6e corps et du 2e corps bavarois attaquèrent vigoureusement notre petite armée. Malgré une disproportion de forces aussi écrasante, nos braves soldats résistèrent héroïquement aux charges de l'ennemi. Après plusieurs heures d'une lutte acharnée, ils se retirèrent en bon ordre sur le Pigeonnier, laissant derrière eux 2.300 officiers et soldats couchés sur le champ de bataille.

Les Allemands avaient perdu 91 officiers et 1.460 soldats.

(1) Ce bruit courut avec persistance à Strasbourg; ce n'est que plus tard que la vérité fut connue et que l'on sut que le général était tombé en loyal et vaillant soldat, frappé par un éclat d'obus prussien. Il avait été transporté dans la ferme de *Schafbuch*, ainsi que son officier d'ordonnance, le capitaine du Closet, frappé à ses côtés. Faute de voitures d'ambulance ou de cacolets, on dut laisser les deux blessés aux mains de l'ennemi. C'est dans cette ferme que mourut le général Abel Douay.

(2) C'est la première de ces nouvelles à sensation que l'autorité préfectorale fit régulièrement circuler en ville par la suite, espérant maintenir ainsi le moral de la population. Tactique bien maladroite en vérité, car reconnues fausses dès le lendemain, ces rumeurs laissaient les esprits dans un état de dépression absolue après les avoir un instant surexcités outre mesure par l'espoir d'une grande victoire ou d'une prompte délivrance.

Samedi, 6.

Les laitiers, les maraîchers entrés en ville ce matin, racontent qu'on entend sourdement gronder le canon du côté de Haguenau, Quelques personnes qui avaient poussé jusque-là en voiture, rentrent dans le courant de l'après-midi et annoncent qu'une grande bataille se livre près de Wœrth, mais que l'on n'en connaît pas encore le résultat.

Ces récits redoublent l'anxiété; les bruits les plus contradictoires circulent dans les groupes qui stationnent dans les rues.

Tout à coup, entre six et sept heures, retentit un bruit de tambours et de clairons. On court, on se précipite. C'est la générale! On bat la générale!

En effet, plusieurs tambours et clairons sortis de la caserne de la Finckmatt, parcourent le quartier, battant et sonnant cette marche qui alarme les mieux trempés. Un turco de haute stature les précède, armé d'un bâton qu'il manie comme une canne de tambour-major. L'expression de son visage est effrayante, son corps est agité par de violentes contorsions.

Les officiers, les soldats courent aux casernes. Un lancier qui arrive du fond du faubourg, est arrêté par la foule sur le pont du canal; il est pâle d'émotion. On l'interroge; il ne peut que nous dire : « Les portes viennent d'être fermées, les Prussiens approchent. »

On apprend au même instant l'arrivée d'un train de blessés; tous alors se hâtent vers la gare. Un long convoi vient effectivement d'amener les nombreux blessés du combat de Wissembourg. Quelques fuyards de la bataille d'aujourd'hui ont pu s'accrocher à ce train à Haguenau; ce sont eux qui nous donnent les premiers détails sur la journée. « C'est une défaite! Nous avons été écrasés! Ils étaient trop! » nous disent-ils.

D'heure en heure il en vient d'autres qui confirment les récits des premiers. L'un d'eux accuse les généraux de trahison, mais ses gibernes remplies de cartouches, son équipement en bon état dénotent que cet homme ne s'est pas battu et qu'il a dû se sauver avant la bataille. C'est un déserteur.

Il résulte de tout cela que nous n'avons plus d'illusions à nous faire. L'armée de Mac-Mahon a été battue.

Dimanche, 7.

Pendant toute la nuit les rues restèrent animées; l'émoi, la crainte des événements à venir tinrent tout le monde en éveil.

De bonne heure, la porte de Pierres est ouverte. L'énorme cohue des fuyards, sans cesse augmentée d'éléments nouveaux, se précipite en ville et le lamentable défilé commence.

Exténués, harassés, ils passaient tristes et silencieux, ces fantassins, ces turcos, ces chasseurs à pied si alertes, ces zouaves que nous avions vus marcher courageusement au combat peu de jours auparavant; puis venaient de grands cuirassiers à la mine sombre, la plupart sans cuirasses, des artilleurs conduisant des avant-trains sur lesquels s'étaient juchés de pauvres blessés, ou des éclopés que l'on déposait aux ambulances reconnaissables à leur drapeau blanc orné de la croix rouge. C'est la déroute, la triste et navrante déroute (1).

Au milieu de ces hommes en désordre, passaient de temps en

temps des brigades de gendarmes graves et corrects, ou des piquets de douaniers qui se repliaient en ville pour échapper à l'ennemi.

(1) Seul un petit groupe de chasseurs à cheval et de lanciers avait conservé ses rangs; ces cavaliers entrèrent précédés de leurs trompettes sonnant crânement la marche. Quelques-uns d'entre eux montaient des chevaux de hussards prussiens. Quand passèrent les lanciers, un officier de la garnison, frappé de leur petit nombre (ils étaient une vingtaine), interpella le sous-officier qui les commandait : Est-ce là tout ce qui reste du 6e lanciers ? Oui, mon commandant, lui fut-il répondu. L'officier se tournant vers moi me jeta un triste et profond regard qui témoignait éloquemment de ses sentiments.

Un bataillon du 21e, détaché à Haguenau pendant la bataille. arriva également en bon ordre, tambours battants en tête.

Une petite troupe de turcos, poudreux, déchirés, se présentèrent fièrement le lendemain, groupés autour du drapeau du 2e régiment, sauvé au prix de mille dangers par les lieutenants Valès et Bontoux et le sergent Ben Kadisch. Ces braves escortèrent le glorieux trophée jusqu'à l'état-major de la place où il fut déposé.

La population fit l'impossible pour soulager ces pauvres jeunes gens. Pour ma part, j'en pris quelques-uns auxquels je fis donner de quoi se réconforter. Nous pûmes ainsi obtenir quelques détails sur la bataille. « Au début de l'action, nous racontèrent-ils, nous avions l'avantage, malgré les pertes que nous faisaient éprouver les canons prussiens, d'une portée bien plus considérable que celle des

nôtres, mais bientôt l'aile droite fut tournée et écrasée par des forces énormément supérieures. Les cuirassiers chargèrent alors pour la dégager, mais mal conduits, ils tombèrent dans les houblonnières, dans les vignes et furent fauchés par la mitraille. La bataille était perdue, il fallut se retirer. »

C'étaient les débris de cette aile droite qui passaient devant nous.

Mon beau-frère Victor, en ville depuis quelques jours avec sa famille, craignant d'y être enfermé par un blocus probable, réussit à prix d'or à se procurer un omnibus et put ainsi regagner sa maison de campagne de Dorlisheim.

Quant à moi, certain d'un siège prochain, je voulus au moins essayer de sauver le mobilier de notre pavillon hors ville. Mais comment y arriver? Les portes de la place sont fermées. Le batelier Schneider que je rencontrai sur le quai des Pêcheurs, m'offrit de me faire passer dans sa nacelle sous les herses du pont Royal. J'accepte de tenter l'aventure et comme il y a entre la herse et le niveau d'eau près d'un mètre de distance, nous pûmes passer en nous couchant dans le fond du bateau.

Arrivé de l'autre côté de la grille, j'escalade le chemin de halage et j'arrive ainsi au jardin. Ce fut une triste et solitaire promenade.

Avec l'aide du jardinier Ulrich, j'entasse une partie de mes meubles dans le bateau et nous rentrons en ville par le même chemin et les mêmes moyens.

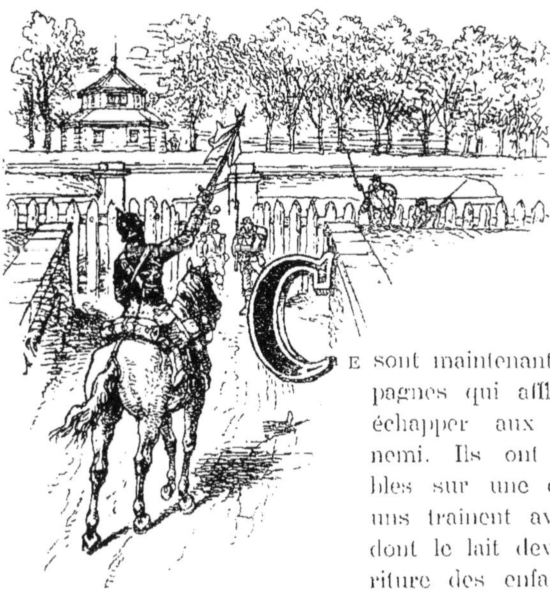

Lundi, 8.

Ce sont maintenant les gens des campagnes qui affluent en ville pour échapper aux exactions de l'ennemi. Ils ont jeté quelques meubles sur une charrette ; quelques-uns traînent avec eux une vache dont le lait devra fournir la nourriture des enfants. Pauvres gens ! Que vont-ils devenir ?

Nos soldats continuent d'arriver, moins nombreux toutefois que la veille, mais toujours aussi épuisés.

Plusieurs de nos médecins et chirurgiens, parmi lesquels le professeur Eugène Boeckel, accompagnés d'une section de l'*Internationale,* ont quitté Strasbourg aujourd'hui pour aider à soigner les blessés qui encombrent les ambulances et les hôpitaux avoisinant le champ de bataille.

On assure que l'ennemi occupe Haguenau.

Vers sept heures du soir, grand émoi en ville. Un détachement (1) de cavalerie allemande, est arrivé jusqu'à Schiltigheim où il a fait halte. Un officier parlementaire, le mouchoir au bout de son sabre, s'avança jusqu'aux glacis de la porte de Pierres ; les factionnaires des ouvrages avancés tirèrent sur lui sans l'atteindre.

Le colonel de place prévenu aussitôt, arriva à la porte et l'in-

(1) La brigade de dragons badois du général de La Roche.

terrogea. « Je viens, dit-il, au nom du général commandant vous sommer de rendre Strasbourg (1) ». Le brave colonel lui répondit tranquillement : « Votre proposition n'est pas sérieuse. Strasbourg ne se rend pas ainsi. Si vous attaquez la place, elle saura se défendre. » Le parlementaire se retira, non sans menacer la ville d'un bombardement.

Cet incident bien vite connu, répand un certain émoi. Quelques dames trop craintives, parlent déjà de se mettre à l'abri dans les caves.

Mardi, 9.

Toujours pas de nouvelles des débris de l'armée de Mac-Mahon. On parle vaguement d'une nouvelle défaite éprouvée cette fois par le général Frossard, auquel les Prussiens auraient repris Saarbrück.

Les lignes télégraphiques et le chemin de fer sont coupés dans nos environs. Le courrier de Paris n'est pas arrivé aujourd'hui; celui de Strasbourg est parti hier par malle-poste. Il a dû passer par la vallée de la Bruche pour rejoindre la ligne du chemin de fer à Saint-Dié et arriver ainsi à Paris. Aura-t-il la chance d'échapper aux patrouilles de cavalerie qui sillonnent le pays (2) ?

Mercredi, 10.

Les portes de la ville restent fermées; seules, les portes de Saverne, de Pierres, des Pêcheurs et d'Austerlitz s'ouvrent un

(1) On comptait si bien du côté allemand sur le succès de cette insolente sommation, que le correspondant de la *Karlsruher Zeitung* se joignit aux dragons pour être du nombre de ceux qui, les premiers, entreraient à Strasbourg comme vainqueurs. Il en fit le lendemain l'aveu aux lecteurs de son journal.

Le major Wilhem d'Amerungen, qui se présenta comme parlementaire, avait en ville quelques relations de parenté; il était en outre l'hôte assidu des fêtes officielles.

(2) C'est le 12 août que le dernier train quitta la ville. Il se dirigea vers le Haut-Rhin, emportant 12 millions de la Banque de France.

instant toutes les deux heures, pour permettre une circulation dont on ne profite guère.

La ville a repris un aspect un peu plus calme. Les soldats rentrés ces jours derniers, qui erraient dans les rues au grand détriment de la discipline, ont été réunis et casernés à la citadelle; ils formeront des bataillons et des escadrons de marche (1).

(1) Voici quelle était la composition de la garnison :

Général de division Uhrich, commandant en chef.

Colonel Ducasse, commandant la place.

Général de brigade Barral, commandant l'artillerie (Entré en ville sous un déguisement, le 13 août).

Colonel Sabatier, commandant le génie.

Général de brigade Moreno, commandant l'infanterie.

Intendant de Lavalette.

Service de santé. Médecin principal Reeb, chef de l'hôpital militaire.

Infanterie :

87e régiment : colonel Blot, 56 officiers, 1.810 hommes.

Dépôts des 10e et 13e bataillons de chasseurs.

4e bataillons et dépôts des 18e et 96e de ligne.

Régiment de marche (débris de Frœschwiller), cinq bataillons.

1er, 3e, 4e et 5e bataillons de la garde mobile du Bas-Rhin : 90 officiers, 2.530 hommes.

Un bataillon de douaniers : 19 officiers, 300 hommes.

Quatre bataillons de garde nationale sédentaire : 80 officiers, 3.000 hommes.

Une compagnie de francs-tireurs : capitaine Liès Bodard, 104 hommes.

Une compagnie franche, capitaine Geisen : 80 hommes.

5e et 6e sections d'infirmiers.

8e section d'ouvriers d'administration.

Artillerie :

Six compagnies et dépôt du 16e régiment (pontonniers) : colonel Fiévet, 31 officiers, 500 hommes.

Dépôts des 5e et 20e régiments.

Neuf batteries de la garde mobile du Bas-Rhin : 29 officiers, 630 hommes.

Une batterie de la garde nationale sédentaire : 3 officiers, 110 hommes.

3e compagnie d'ouvriers d'artillerie.

Détachement du train d'artillerie.

Génie :

4 officiers, 8 sous-officiers, 8 soldats.

Sapeurs-pompiers :

Un bataillon de 240 hommes, commandant Goerner.

Une grave nouvelle est arrivée de Paris. Les ministres ont donné leur démission ; le général duc de Palikao, est chargé de la formation d'un nouveau cabinet. La réputation dont jouit l'ancien commandant du corps expéditionnaire de Chine, me cause de sérieuses appréhensions au sujet de ce futur ministère. Oh ! belle France, qu'a-t-on fait de toi, ou plutôt qu'as-tu permis qu'on fît de toi ? Quand un peuple n'a plus de principes ni de fond de morale, il se laisse manier comme une pâte inerte et finit par devenir la victime d'un gouvernement aux abois.

Un décret appelle sous les drapeaux tous les Français de vingt-cinq à trente ans.

Marins :

7 officiers, 167 hommes.

Cavalerie :

Un régiment de marche (débris de Frœschwiller) : 23 officiers, 480 hommes.

Gendarmerie :

4 officiers, 80 hommes.

Pour faciliter la défense, on divisa le périmètre de la place en quatre secteurs ainsi tracés :

1er secteur (la citadelle), commandant, lieutenant-colonel Rollet ;
3 bataillons de marche, 1 bataillon de mobiles.

2e secteur (front sud), commandant, colonel Petitpied du 20e d'artillerie ;
1 bataillon de marche, 1 bataillon de mobiles.

Au moment de la capitulation, le colonel Petitpied brûla la hampe de l'étendard de son régiment et enterra l'étoffe dans sa cave. Pendant la captivité du colonel à Coblence, Mme Petitpied rentra à Strasbourg dans le but de sauver ce glorieux débris. Elle trouva leur maison remplie de garnisaires allemands, mais obtint néanmoins l'autorisation d'en occuper une chambre, déterra l'étendard pendant la nuit et l'apporta à Coblence, caché dans la douillette de son enfant alors âgé de deux ans. Après la conclusion de la paix, elle rentra en France, ramenant la précieuse relique cousue dans ses vêtements. Le 5 juillet 1895, Mme veuve Petitpied, remit cet étendard entre les mains de F. Faure, président de la République, qui le fit déposer aux Invalides.

3e secteur (front nord), commandant, colonel Blot du 87e ;
3 bataillons du 87e, 1 bataillon de mobiles, 1 bataillon de douaniers.

4e secteur (front est), commandant, contre-amiral Excelmans ;
les marins, 1 bataillon de marche, 1 bataillon de mobiles.

C'est de la moutarde après dîner, surtout si leur organisation marche comme celle de la garde mobile qui, réunie depuis huit jours, n'a pas encore commencé l'école du soldat. On n'improvise pas une armée et on est en droit de se demander où sont les 600,000 hommes avec lesquels on devait entrer en campagne (1).

(1) Le général Uhrich fit afficher en ce jour la proclamation suivante, motivée par des rumeurs malveillantes qui avaient couru en ville :

« Aux habitants de Strasbourg,

« Des bruits inquiétants, des paniques ont été répandues ces jours derniers, involontairement ou à dessein, dans cette brave cité. Quelques individus ont osé manifester la pensée que la place se rendrait sans coup férir.

« Nous protestons énergiquement au nom de la population courageuse et française contre ces défaillances lâches et criminelles.

« Les remparts sont armés de 400 canons. La garnison est composée de 11.000 hommes, sans compter la garde nationale sédentaire.

« Si Strasbourg est attaqué, Strasbourg se défendra tant qu'il restera un soldat, un biscuit, une cartouche.

« Les bons peuvent se rassurer ; quant aux autres, ils n'ont qu'à s'éloigner.

« Strasbourg, ce 10 août.

« Le général de division, commandant supérieur. UHRICH. »

Jeudi, 11.

PLUIE battante toute la journée. Une partie de la garde nationale sédentaire a reçu des armes (1); ce sont des fusils à capsule, ancien modèle (2).

Le courrier de Paris a pu nous arriver aujourd'hui, il annonce que les débris du corps de Mac-Mahon ont atteint Nancy et que l'empereur rassemble une nouvelle armée autour de Metz. On s'attend à une grande bataille.

Les journaux allemands sont remplis de détails sur les combats de Wissembourg et de Woerth. Tout en constatant les fautes des généraux, ils rendent pleine et entière justice aux soldats français « qui se sont battus comme des lions » et ne craignent pas d'avouer que la victoire a été achetée par des pertes cruelles.

---

(1) Dès le début de la guerre, la garde nationale fut mise sur pied, mais ce fut avec une jalouse méfiance que l'autorité préfectorale procéda à cette organisation. Sur 12.300 électeurs inscrits, 3.080 furent appelés à porter les armes. Les officiers furent choisis et nommés par le préfet.

Devant l'imminence du danger, les 9.000 citoyens restés désarmés, demandèrent énergiquement à participer à la défense de la place ; deux fois même des manifestations populaires accentuèrent ces réclamations. On répondit par voie d'affiche que « des citoyens choisis par le maire seraient appelés à concourir à la défense des remparts ». Et ce fut tout. On craignit de mettre des armes entre les mains d'une population que l'on savait en grande partie dévouée aux idées républicaines. Que de bonnes volontés, que d'énergies restèrent ainsi sans emploi.

(2) Ces fusils furent remplacés quelques temps après par des fusils transformés, dits à tabatière ou par des carabines de chasseurs.

Vendredi, 12.

Rien de marquant. On est dans une anxieuse attente. C'est aujourd'hui qu'a été affiché l'arrêté suivant qui donnera fort à réfléchir à ceux qui se refusent à admettre l'éventualité d'un bombardement.

Nous, Maire de la ville de Strasbourg,

1° Les propriétaires ou principaux locataires des maisons sises à l'intérieur de la ville, placeront au rez-de-chaussée, aux différents étages et surtout aux greniers, des cuves pleines d'eau, des linges et des éponges imprégnées d'eau, ainsi que de la terre et du sable non mouillé afin de pouvoir immédiatement éteindre les commencements d'incendie.

2° Pour assurer une surveillance toujours active, il sera composé, dans chaque maison, à tour de rôle, entre les propriétaires et locataires, une garde permanente de nuit qui agira aussitôt sur les points menacés et donnera l'éveil.

3° Aussitôt qu'un incendie se sera déclaré dans une maison, les habitants ou voisins en préviendront les pompiers de service au poste le plus rapproché. L'emplacement des dépôts sera publié à la suite du présent arrêté.

Le Maire : HUMANN.

Samedi, 13.

Depuis quelques jours, ma bibliothèque à l'Académie est complètement délaissée; j'ai l'intention de la fermer la semaine prochaine. Le rapport annuel sur ma gestion est achevé et je l'ai adressé aujourd'hui au recteur.

Entre trois et quatre heures, éclata sur le front nord une vive fusillade, bientôt renforcée par des coups de canon. Je me trouvais à ce moment à la Mairie, avec mon fils; en compagnie d'autres citoyens, nous nous dirigeons vers la porte de Pierres. Montés sur le rempart, nous cherchions à nous rendre compte de l'engagement, quand survint un officier de gendarmerie, qui, sous prétexte de nous préserver des projectiles, fit évacuer la place.

Vers onze heures du soir, nouveau combat du côté de la porte de Saverne, près des *Rotondes*. Cette fois, les gros canons des bastions se mettent de la partie. On a dû incendier des maisons ou du matériel de chemin de fer, car le ciel était tout rouge de ce côté.

Les relations avec le dehors sont décidément coupées; les villages des environs sont occupés par les troupes badoises. La Compagnie de l'Est a emmagasiné en ville tout ce qu'elle a pu ramener de son matériel.

Le lait devient rare; on le paye 50 centimes au lieu de 15. Notre bonne a pu se rendre ce matin de bonne heure au jardin et nous a rapporté des fruits, des légumes, et même quelques fleurs.

Dimanche, 14.

Je sors le matin pour recueillir quelques détails sur les deux combats de la veille. J'apprends que celui de l'après-midi avait été motivé par une tentative faite par un détachement d'infanterie (1), en vue d'occuper le cimetière Ste-Hélène et inquiéter de là par son tir, les travailleurs employés à abattre les arbres de la route.

En ce qui concerne l'affaire de nuit, les éclaireurs (2) avaient

(1) Deux compagnies du 2e bataillon du 2e régiment d'infanterie badoise.

(2) Le colonel Blot du 87e avait organisé dans chaque bataillon de son régiment, une compagnie d'éclaireurs volontaires avec cadres spéciaux. Ces compagnies détachaient chaque nuit des hommes qui s'établissaient en embuscade bien en avant des ouvrages avancés. Couchés à plat ventre, couverts soit par un arbre renversé, soit par un fossé ou par le trou creusé par une bombe, ils épiaient l'ennemi et tenaient la défense au courant de ses mouvements, Il leur arriva bien des fois de se heurter aux embuscades ennemies et c'était alors un rapide échange de coups de fusil, terminé par la retraite d'un des deux partis.

fait savoir que les *Rotondes* du chemin de fer, à la bifurcation des lignes de Paris et de Bâle, étaient remplies de soldats allemands

Affaire du 13 août.

venus pour incendier les maisons avoisinantes, ainsi que les wagons massés là en grand nombre. L'artillerie de la place les força bien vite à abandonner cette position.

Les premiers dégâts.

C'est hier que furent lancés les premiers obus en ville; l'un d'eux perça le pignon de l'estaminet Ehrhardt, situé près de la gare et éclata dans la cuisine qui fut réduite en miettes. Deux autres traversèrent la toiture des hangars de la gare.

De nouveaux obus sont tombés cet après-midi dans le faubourg de Saverne et ont brisé des branches d'arbres et quelques volets ; l'un de ces projectiles fit en éclatant la première victime de la population civile, un ouvrier nommé Uhrich, blessé mortellement à la cuisse (1).

(1) Cet obus tomba devant le débit de tabac Zugmeyer, brisa le socle en granit

Les Éclaireurs du 87e.

Le temps est superbe, et en dépit du danger, le faubourg est plein de curieux et de promeneurs. Au Broglie, la musique militaire attire un grand cercle d'auditeurs.

Ne pouvant monter sur la cathédrale, j'essaie d'établir mon observatoire sur la tour de Saint-Thomas ou dans le clocheton du Temple-Neuf. Impossible! Ordre est donné aux sacristains de refuser l'entrée de leurs églises sous peine d'emprisonnement.

Ce soir, veille du 15 août, on n'entend pas le joyeux carillon des cloches de la ville, sonné habituellement en l'honneur de la fête du lendemain (1).

Les gazomètres ont été vidés par mesure de précaution et pour la première fois l'éclairage au gaz est suspendu. Les citoyens sont tenus d'accrocher des lanternes aux façades de leurs maisons, sitôt la nuit venue.

d'un bec de gaz et frappa d'un de ses éclats la victime qui, coïncidence bizarre, portait le même nom que le général commandant en chef.

(1) On craignait bien à tort certainement un mouvement républicain pour la journée du 15. Sous l'empire de cette appréhension bien peu justifiée pourtant, le général Uhrich fit publier l'avis suivant que la population considéra comme émanant plutôt de la préfecture que du quartier-général.

6e division militaire.

Des bruits qui ont pris une certaine consistance, semblent indiquer que quelques personnes préparent une manifestation hostile pour le 15 août.

Il n'y a que deux positions possibles dans les graves circonstances où nous sommes. Ami de la France, ou son ennemi; tout le reste est effacé.

Le général commandant supérieur, croit de son devoir de prévenir plutôt que de sévir. En conséquence, il fait savoir que toute personne qui tenterait de troubler

Lundi, 15.

De grand matin retentit en ville, le bruit d'une forte détonation. On sut quelques heures plus tard, que le Conseil de défense avait fait sauter le beau pont à colonnes, à la Robertsau.

Un service religieux a été célébré ce matin en l'honneur du 15 août, à la cathédrale et dans les principales églises des différents cultes; les troupes y ont assisté en tenue de campagne. Mais pas l'ombre d'enthousiasme; un sentiment d'indifférence, de tristesse même, pesait sur ces cérémonies.

Dans l'après-midi se répand la nouvelle d'une défaite que le général Ducrot aurait infligée aux Prussiens sous les murs de Phalsbourg; on ajoute que les pertes allemandes sont sérieuses. C'est une victoire. La France se lève. Espérons !

l'ordre sera arrêtée et traduite devant un conseil de guerre qui rendra son jugement dans les vingt quatre heures.

Cet avis et le patriotisme de l'immense majorité de la population suffiront sans doute pour faire abandonner des projets coupables autant qu'insensés.

Fait au quartier général, le 13 août.

Le général de division, Uhrich ; le préfet, Pron.

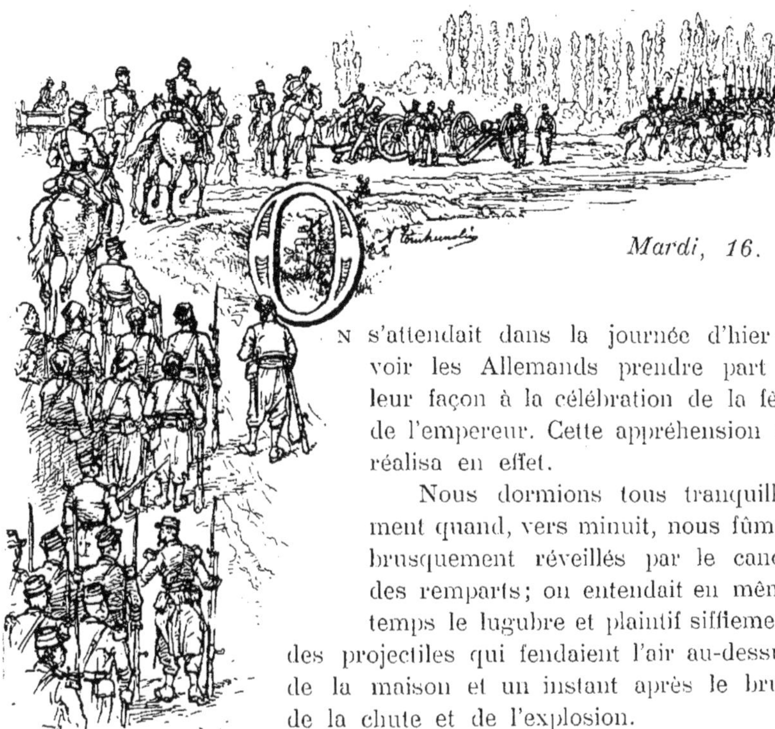

Sortie du 16 août.

Mardi, 16.

On s'attendait dans la journée d'hier à voir les Allemands prendre part à leur façon à la célébration de la fête de l'empereur. Cette appréhension se réalisa en effet.

Nous dormions tous tranquillement quand, vers minuit, nous fûmes brusquement réveillés par le canon des remparts; on entendait en même temps le lugubre et plaintif sifflement des projectiles qui fendaient l'air au-dessus de la maison et un instant après le bruit de la chute et de l'explosion.

Tout le monde fut bien vite debout. C'était décidément le bombardement qui commençait; nos ennemis avaient choisi pour ce début une nuit éclairée par un beau clair de lune.

Dès les premières heures, les rues se remplirent de monde; chacun voulait se rendre compte des dégâts causés par les obus. Tout près de chez nous (1), rue du Sanglier, le pignon du couvent des Sœurs de la Providence est troué, la maison Hepp, rue des Hallebardes, a sa toiture endommagée et légèrement brûlée. Au Broglie, la Banque de France et le café Bauzin ont subi des dégâts

(1) Piton demeurait au n° 4 de la rue du Temple Neuf, dans la maison faisant face à la bibliothèque municipale.

sérieux. Il en est de même pour des maisons de la rue du Dôme, des Echasses, du Chaudron, de la place Kléber, etc. Rue du Vieux-Marché aux poissons, c'est la maison de l'horticulteur Muller qui a été frappée; place Gutemberg, c'est la maison Robert, rue des Serruriers, la maison Oesinger.

Je citerai encore le grand Séminaire, l'hôtel de la Monnaie, l'école israélite, l'ambulance établie au Lycée qui reçut deux obus et dont le personnel dut en toute hâte, transporter les blessés dans les caves. Rue des Chandelles, un tambour de la garde nationale est blessé, ainsi que sa femme; rue du Jeu des Enfants, une femme a les jambes broyées dans son lit. C'est la guerre sauvage!

Plusieurs sorties ont été effectuées aujourd'hui par la garnison. La principale, commandée par le colonel Fiévée des pontonniers, n'a, paraît-il, pas réussi ; on parle même d'un canon perdu. Le colonel a été ramené en ville grièvement blessé (1).

Mercredi, 17.

Pas d'obus cette nuit. J'ai rencontré ce matin Zabern, le marchand de bois, mon voisin de campagne, qui m'apprend qu'une

(1) La colonne commandée par le colonel Fiévet, avait pour mission de se diriger sur le *Neuhof* et de refouler l'ennemi au-delà de la rive gauche du canal du Rhône au Rhin. Elle se composait d'un bataillon et d'un escadron de marche et d'une batterie de quatre pièces de 8. Arrivée près du pont du canal, la colonne s'arrêta et mit ses pièces en batterie. Au même instant éclata une fusillade serrée; c'étaient les fantassins ennemis qui, bien abrités par les berges du canal et par les taillis d'un petit bois, ouvraient le feu sur nos soldats. Dès les premiers coups de fusil, les cavaliers pris de panique, font demi-tour, traversent au galop les rangs de l'infanterie et courent vers la ville à bride abattue.

Le colonel Fiévet qui a vainement tenté de les retenir, tombe grièvement blessé d'une balle au genou. L'infanterie démoralisée se replie en désordre, abandonnant trois canons. Seule, une compagnie de zouaves ralliée par le capitaine Caillard, essaie un semblant de résistance.

Ce ne fut qu'une demi-heure après l'engagement que les Badois rassurés contre un retour offensif, vinrent emmener ces canons si mal défendus. Le triomphe était

SORTIE EFFECTUÉE PAR UN DÉTACHEMENT DE LA GARNISON DE LA CITADELLE (LIEUTENANTS LUYA ET SCHOETTEL)

patrouille prussienne a traversé mon jardin, poussant jusqu'au restaurant Kammerer au Contades.

Dans le courant de l'après-dîner, les batteries de la citadelle ont vainement tenté d'incendier le couvent du Bon-Pasteur, à la Robertsau, dont les murs élevés pourraient servir d'abri à l'ennemi; on dut faire sortir une compagnie du 18e qui y mit le feu.

Toute la soirée, d'épaisses colonnes de fumée obscurcissent l'horizon dans cette direction. Qu'ont dû devenir ses malheureuses habitantes (1)?

---

maigre; malgré cela nos trois pauvres pièces furent orgueilleusement promenées tout enguirlandées de fleurs, dans les rues de Carlsruhe en fête.

Ces trois canons se nommaient : l'*Aloès*, le *Batailleur* et l'*Anodin*.

Les troupes badoises engagées comprenaient les 5e, 6e et 8e compagnies du 3e régiment, capitaines : Ratzel, de Seldeneck et Kappler, ainsi qu'une batterie d'artillerie accourue vers la fin de l'action.

L'émotion fut profonde en ville quand on connut les détails de cette malheureuse sortie. On croyait pouvoir compter sur nos soldats et voici qu'au premier choc on les voyait lâcher pied sans combattre, et pourtant ces mêmes hommes s'étaient héroïquement battus à Frœschwiller contre un ennemi trois fois supérieur en nombre.

Le préfet essaya de réagir; il fit annoncer que les trois canons étaient retrouvés, que des paysans les avaient ramenés. Peine inutile! Personne ne fut dupe de ces piètres inventions.

(1) La défense de la place exigeait la destruction des grands bâtiments du couvent du Bon-Pasteur, ainsi que celle de plusieurs autres maisons du voisinage. Toutes ces constructions situées dans le voisinage de l'*Orangerie*, gênaient beaucoup le tir des batteries de la citadelle et offraient en outre un abri sûr à l'ennemi. Mais avant de procéder à leur démolition, il était urgent de prévenir les habitants pour leur permettre de sauver une partie de leurs biens.

La 3e compagnie du 4e bataillon du 18e de ligne, sortit dans ce but de la citadelle le 17, dès trois heures du matin; elle était commandée par le capitaine Laporte, assisté du lieutenant Luya et du sous-lieutenant Leroy. La petite colonne arriva sans encombre jusqu'au couvent qu'elle trouva abandonné; les sœurs étaient rentrées en ville dès la veille.

A ce moment les postes ennemis embusqués de l'autre côté du canal ouvrirent le feu. Le capitaine déploya aussitôt une partie de ses hommes en tirailleurs. Ceux-ci conduits par le lieutenant Luya s'avancèrent hardiment jusqu'au bord du canal et s'abritant des arbres et de la digue, ripostèrent au feu des Badois. Pendant plus d'une demi-heure les deux partis échangèrent des coups de fusil d'une rive du canal à l'autre. L'auberge de la *Belle-Vue* occupée par les Badois, devint surtout le point

Ce même soir, je vis rentrer par la porte des Pêcheurs, un détachement de turcos qui venaient de faire le coup de feu avec l'ennemi.

Mon neveu Paul Weber (1), qui se trouvait à Niederbronn

au début de la guerre a pu rentrer aujourd'hui en ville, non sans danger et après maintes tentatives manquées.

de mire de nos soldats; sa façade fut bien vite criblée de balles. Après l'engagement la compagnie du 18e rentra à la citadelle, ramenant sept blessés.

Quelques heures après, les batteries des ouvrages avancés de la citadelle servies par les artilleurs de la garde mobile, reçurent l'ordre d'allumer avec leurs obus, les bâtiments du couvent. Mais malgré un tir convenablement dirigé, ils n'obtinrent pas le résultat attendu; les projectiles perçaient les murs, éclataient dans l'intérieur des constructions, sans arriver à communiquer l'incendie. Il fallut finalement faire sortir quelques hommes du 18e qui y mirent le feu.

(1) Actuellement professeur de musique à Angers.

Jeudi, 18.

Dès le matin, on entend une forte canonnade sur le front nord de la ville. Est-ce une nouvelle attaque? Je prends ma longue-vue et en compagnie de mon fils, je me mets à la recherche d'une maison assez élevée pour me permettre de découvrir l'endroit où se passe l'action. Ce ne fut pas facile, mais enfin le grenier de la maison Haering, située quai de Paris, nous fournit l'observatoire souhaité.

Des colonnes de fumée qui s'élèvent entre Schiltigheim et la route de Brumath, m'indiquent que l'on est en train de détruire par le feu, toute une série de bâtiments qui gênent la défense de ce côté.

La brasserie Hauer, la grande malterie Goetz sont incendiées; la campagne Hey avec son pittoresque chalet n'existe plus. Le couvent Saint-Charles, sur lequel flotte un drapeau noir est encore debout. Les fantassins postés en avant des travailleurs sont aux prises avec l'ennemi et de tous côtés crépite la fusillade. C'est une vraie scène de guerre que nous avons sous les yeux.

Descendus de notre poste d'observation, nous voyons passer dans la rue de la Nuée-Bleue, les cacolets qui transportent les blessés, des jeunes gens appartenant au 87e (1).

Je rencontre une de mes connaissances, M. Fischer, qui a assisté à la sortie d'hier sur Illkirch et qui me donne des détails peu édifiants sur cette affaire.

Les cavaliers qui étaient en tête de colonne, ont tourné bride aux premiers coups de fusil et bousculé l'infanterie placée derrière eux; il en est résulté une retraite qui ressembla fort à une déroute. Trois canons sont restés abandonnés. Tout cela est fort peu encourageant.

La porte des Juifs a été ouverte momentanément cet après-midi. Je ne puis résister au désir de visiter mon jardin. Triste et navrante promenade! Tous les jardins attenant à la zone des fortifications sont détruits; arbres, gloriettes, tout a été haché et abattu par nos travailleurs.

Le pont sur l'Aar, à côté de la campagne Lallemand est coupé, impossible de passer. Je vais chez Kammerer, pensant gagner

(1) On fit marcher pour cette opération cinq compagnies, une du 18e et quatre du 87e. La compagnie du 18e et deux du 87e furent employées à abattre les arbres de la route, ainsi que ceux du cimetière et à détruire par le feu les établissements industriels, les villas, les maisons de campagne dont la disparition était exigée par les besoins de la défense.

Les deux autres compagnies du 87e, 1re et 6e du 1er bataillon, dirigées par le colonel Blot, du 87e, se déployèrent en avant des travailleurs pour les couvrir. La 1re compagnie eut à soutenir un engagement sérieux dans le village de Schiltigheim. Les Allemands bien abrités derrière une forte barricade qui coupait la route de Souflenheim, ouvrirent un feu violent dès que parut la petite troupe française.

Le commandant Rousseau, qui conduisait cette compagnie, prit ses dispositions de combat et engagea la lutte. On se battit là à coups de fusil jusqu'au retour de la 6e compagnie qui venait d'explorer le terrain à gauche du village sans rencontrer l'ennemi. Le colonel Blot fit sonner la retraite qui s'effectua en bon ordre.

L'expédition commencée à cinq heures du matin était terminée à neuf heures; elle coûta six soldats tués, un officier et vingt soldats blessés.

INCENDIE DE LA BRASSERIE HAUER ET DE LA MALTERIE GOETZ

l'autre rive en profitant de sa passerelle; celle-ci est également détruite (1).

Kammerer me fait alors passer en bateau et je puis enfin arriver chez moi.

Là, tout est calme et tranquille; seul le bruit de coups de feu lointains vient de temps en temps interrompre le silence.

Sous l'action de la pluie, les fleurs et les légumes ont vigou-

reusement poussé, ainsi que la mauvaise herbe qui menace de tout envahir; les arbres sont chargés de fruits. Après une courte station, je m'en retourne le cœur bien gros.

En même temps que moi, rentrent des femmes, des enfants; ils sont chargés de fruits et de légumes recueillis dans les jardins détruits. Bonne aubaine pour le ménage.

Je rencontre Ch. Jundt, le fabricant de papier de la Robertsau, qui est venu en ville, lui et les siens, pour y chercher un abri. Il a abandonné sa manufacture détruite en partie la veille par le canon

(1) Un poste d'une quarantaine d'hommes occupait le jardin Kammerer et ses abords. Il était chargé de la défense de la digue de l'Aar que protégeait en outre une petite redoute armée d'un obusier de montagne.

de la citadelle, et ce n'est qu'en se tenant des heures dans la cave, qu'ils ont pu échapper au danger d'être frappés par des projectiles.

Je savais qu'on organisait à la Mairie une compagnie de francs-

tireurs que devait commander M. Liès-Bodard, professeur à l'Académie (1).

Je pensais que malgré mes soixante et dix ans, j'étais assez valide pour rendre encore des services, la carabine à la main. Je me rendis donc ce soir à la Mairie pour me faire inscrire sur la liste; mais je fus fort désappointé de ne rencontrer là, au lieu d'hommes d'un âge mûr, que des jeunes gens dont pas un ne

---

(1) Cette compagnie fut effectivement mise sur pied et placée sous le commandement de M. Liès-Bodard, professeur de chimie. Elle comptait cent quatre hommes.

Un ancien militaire, M. Geisen, en organisa une seconde, forte de quatre-vingt hommes, qui fut appelée « Compagnie franche ». En raison de leurs fréquentes sorties, ces deux compagnies purent fournir d'utiles renseignements à la défense.

Voici les noms des francs-tireurs tués pendant le siège :

Compagnie des francs tireurs : Hippolyte Flach, Théodore Frey, Eug. Piot. Alph. Paulus.

Compagnie franche : Matter, Lacome, sergents, Ignace Guth.

CAMPAGNE ZIMMER, PRÈS DU CONTADES

m'était connu et qui s'occupaient surtout de la question des chapeaux à la tyrolienne et des brassards au cor de chasse. Je me retirai, sentant bien qu'un homme de mon âge était déplacé dans cette réunion.

DERRIÈLE LE JARDIN KAMMERER, AU CONTADES (POSTE DE CHASSEURS A PIED)

Vendredi, 19.

La nuit a été très agitée. Les batteries allemandes nous ont envoyé un grand nombre d'obus. Nous étions postés, mon fils et moi, sur le grenier de notre maison jusqu'au moment où cessa le feu ennemi. Il était environ une heure du matin ; un grand incendie éclairait à ce moment le ciel dans la direction du faubourg National (1).

Après quelques heures de repos, je me hâte de courir aux informations. Je me croise dans les rues avec les petites voitures d'ambulance à croix rouge, qui conduisent aux hôpitaux les blessés de la nuit.

J'apprends que des obus sont tombés, place Gutenberg sur les maisons Carré et Ehrmann, sur une maison de la rue des Tonneliers, sur la maison Bach, rue des Juifs, sur la maison Poncet, impasse du Ciel. Dans cette dernière une femme et des petites filles ont été tuées et blessées (2).

(1) Comme en temps de siège, la sonnerie des cloches est interdite de façon absolue, cet incendie ne fut pas annoncé par le tocsin, mais bien par le porte-voix des gardiens de la cathédrale ; et c'était chose sinistre que d'entendre ces voix rauques qui, du haut de la plateforme criaient dans la nuit : Au feu ! Le feu, faubourg National !

(2) Un pensionnat de jeunes filles tenu par des sœurs, était installé dans cette maison. Cinq de ces enfants furent tuées sur le coup ; six autres grièvement blessées

Des projectiles sont venus éclater, rues des Serruriers, de la Chaîne, de l'Ail, de l'Épine, du Bateau, etc., démolissant les toitures, renversant les cheminées, trouant les plafonds. Rue du Vieux-Marché-aux-Vins, l'hôtel d'Angleterre et la maison Scheffer ont reçu de sérieuses atteintes.

A la Krütenau, dix-sept maisons ont été frappées, l'école Saint-Guillaume a une de ses salles totalement fracassée. Au faubourg National, l'ancien poêle des jardiniers et la brasserie des *Deux Cognées* sont très endommagés.

Tout près de là fument encore les décombres de l'incendie de la nuit, qui a détruit toutes les maisons comprises entre le coin du faubourg et le presbytère, à côté duquel demeure l'ami Brion. Ce sont surtout les riches récoltes des jardiniers Schott et Federlé, qui ont alimenté les flammes. Depuis l'incendie du Gymnase en 1860, je n'en ai pas vu d'aussi violent à Strasbourg. On ne sait s'il faut l'attribuer au feu de l'ennemi ou à une cause accidentelle; on discute beaucoup cette question, importante au point de vue des assurances (1).

---

furent transportées à l'ambulance du Petit Séminaire, où l'une d'elles mourut en arrivant. Quatre de ces malheureuses victimes furent amputées par le docteur Herrgott. L'une des jeunes filles tuées, Eléonore Lentz, âgée de quatorze ans était badoise; ses parents habitaient Baden.

(1) Voici à propos de cet incendie quelques détails sur l'organisation du bataillon des sapeurs-pompiers de Strasbourg.

Ce bataillon comprenait sept compagnies, dont quatre urbaines et trois de la banlieue; les compagnies urbaines à l'effectif de 60 hommes.

Etat-major du bataillon :

MM. Goerner, chef de bataillon.
Camus, capitaine chargé du matériel.
E. Eissen, médecin major.
Lauth, médecin aide-major.
A. Kastner, adjudant.

Compagnies urbaines :

1re compagnie, Ed. Kastner, capitaine, Morin, lieutenant.
2e compagnie, Ph. Lauer, capitaine, Schott, lieutenant.
3e compagnie, A. Koehren, capitaine, Bedicam, lieutenant.
4e compagnie, Kolb, capitaine, Frick, lieutenant.

Cette petite phalange de courageux travailleurs, toujours prêts à secourir leurs

SAPEURS POMPIERS DE STRASBOURG.

Je vais de là faire un tour à l'Académie. Je longeais l'église Saint-uillaume, quand j'entends soudain ce sifflement que nous com-mençons à bien connaître, puis etentit une détonation violente uivie d'une chute de tuiles. Un uage de fumée obscurcit la rue. 'était un obus qui était tombé ur la chapelle renfermant la tombe 'Ulrich de Woerth. J'étais tout ouvert de poussière et de plâ-ras, mais absolument indemne; e ramassai un éclat encore tout haud, pour le conserver à titre le souvenir.

Ct Goerner.

A l'Académie, les chevaux le la gendarmerie remplissent la cour; les gendarmes sont logés lans les salles de conférence. Quant aux employés, ils se sont tant bien que mal installés dans les caves.

L'après-midi a été tranquille. On raconte que des dépêches sont arrivées qui annoncent que l'empereur est enfermé dans Metz et que 'ennemi occupe Nancy et s'avance jusqu'à Toul et Verdun. Je com-mence à croire que nous devons renoncer à l'espoir d'être secourus. Raison de plus de bien organiser nos moyens de défense. Tout en restant unanimement dévoués à la France, nous sommes tous, à l'ex-ception de quelques fonctionnaires de l'Empire, devenus foncièrement hostiles au régime impérial, auteur de nos misères.

Samedi, 20.

On a entendu cette nuit du côté de la porte Nationale une vive fusillade et les coups des grosses pièces des remparts.

concitoyens, souvent au péril de leurs jours, fut superbe pendant le siège. Sur 240 hommes qui composaient les compagnies urbaines, 7 furent tués, 33 blessés, sans compter les blessures légères ou les maladies causées par l'excès des fatigues. Les sapeurs tués sont: MM. J. Wolf, A. Lejeune, C. Andrès, R. Bajot, A. Lewer, P. Bisch, J. B. Bertrand.

Toute la maison est bien vite sur pied et les locataires des étages supérieurs viennent par crainte d'un nouveau bombardement se réfugier chez nous au premier.

Je monte sur ma terrasse. Pas de sifflements de projectiles, pas d'explosions d'obus, donc pas de bombardement pour cette nuit. Par contre, la fusillade et la canonnade roulent toujours ; il doit se livrer par là un combat sérieux. La nuit était magnifique, la lune brillait dans un ciel sans nuages, les étoiles scintillaient par milliers. On pouvait dire avec Schiller : « Le monde est parfait, partout où n'arrive pas l'homme avec ses tourments ».

Après minuit le calme se rétablit peu à peu ; je redescends de mon observatoire et donne à tout le monde l'assurance de la tranquillité pour le reste de la nuit.

Comme d'habitude, je sors de grand matin et me dirige vers les *Ponts-Couverts*, car c'est de ce côté qu'a dû avoir lieu l'engagement. Là je rencontre l'ami Klein qui me donne les détails suivants qu'il m'assure tenir de bonne source :

Vers onze heures, un factionnaire entendit de vagues rumeurs sur l'eau, en dehors de la grande écluse de l'Ill ; il donna l'éveil. On se hâta de lancer quelques projectiles éclairants et on aperçut une dizaine de bateaux qui lentement s'approchaient de l'écluse. Ils étaient chargés de soldats allemands. La fusillade éclata aussitôt et la pièce de 24 en batterie sur le cavalier, coula quelques-uns des bateaux de la flottille. La surprise était manquée (1).

D'autres habitants du quartier vinrent apporter leur contingent de détails plus ou moins authentiques ou exagérés.

« Il paraît que des Prussiens en masse ont été tués ou noyés » dit l'un ; « je le crois bien, ajoute un autre, rien que la mitraille en a

(1) Pendant plusieurs jours, on crut à cette histoire ; elle fit le tour de la ville continuellement enrichie de détails nouveaux.

Ce n'est que plus tard que l'on sut que l'affaire se réduisait à une tentative faite par l'ennemi pour s'emparer du fortin situé en avant de la porte Nationale, connu sous le nom de *Pâté*. Une batterie établie dans le voisinage du cimetière Saint-Gall. appuyait la colonne d'attaque ; c'est sur cette batterie que fut dirigé le feu de nos pièces de 24.

1 & 2. le Goldeneck au Contades. avant et après le siége. 3. Maison au bord de l'Aar. 4. La même pendant le siége.

raflé plus de deux cents. Deux cents, clame un troisième, plus de cinq cents, à preuve que l'eau de la rivière est encore teinte de sang ».

Malgré des affirmations aussi catégoriques, j'avoue que l'eau me semblait bien avoir gardé sa couleur naturelle.

Pendant le dîner, notre voisine de campagne, la vieille jardinière Ellès, vient tout en pleurs nous annoncer qu'elle a reçu ordre d'évacuer sa maison qui, de même que les bâtiments avoisinants, doit être incendiée pour les besoins de la défense.

C'en est donc fait! Depuis quelques jours déjà, j'appréhendais cette décision. Il est certain que notre pavillon situé dans le même enclos ne sera pas épargné. Je voulus donc sortir le plus tôt possible, pour essayer de rentrer les quelques meubles que j'y avais laissés; c'était en même temps une occasion de relever par des fruits et des légumes frais, nos menus qui tendent à devenir fort maigres.

J'arrive à la porte des Juifs, mais je me heurte à une consigne très sévère. Défense formelle de sortir sans une autorisation émanant de la Place. Force me fut donc de me rendre aux bureaux de l'état-major, tout en pensant à part moi, que du moment qu'on intime aux gens l'ordre d'évacuer leurs maisons et de rentrer en ville, il ne serait que rationnel de tenir la porte entrebâillée. Mais ce sont là choses d'administration.

Après bien des explications, j'obtins mon permis. Une fois la porte franchie, je refis pour me rendre au jardin, le chemin que j'avais suivi l'avant-veille.

L'œuvre de destruction s'étendait maintenant de l'autre côté de l'Aar.

Tout y était saccagé. Le petit bois d'aulnes, près de l'ancien tir au pistolet, avait disparu, ainsi que la jolie allée de sapins aboutissant à la passerelle Kammerer; l'antique peuplier, signal trigonométrique, était abattu. Détruites, les campagnes Weil, Bernhard, Courbassier, avec leurs beaux arbres fruitiers, leurs vignes d'un si bon rapport. Le pauvre Lotzing, ce laborieux jardinier qui, après trente ans de travail opiniâtre, était arrivé à posséder une maison et des serres, est totalement ruiné. Tout est haché chez lui. Oh! les Vandales! Des Indiens du Far-West n'auraient pu mieux faire.

En arrivant au jardin, je le trouve occupé par une vingtaine de soldats; en me voyant, ces jeunes gens, instruments inconscients

de ces dévastations, viennent à moi pour m'exprimer leurs regrets. « Quel dommage, me disent-ils, de détruire ce jardin si bien cultivé! Que vous avez dû y vivre heureux et content! Mais que voulez-vous, il nous faut obéir aux ordres de nos chefs. » Je leur distribue les quelques bouteilles de vin restant en cave et je verse dans leurs bidons quelques restes de cognac et de kirsch. « Buvez cela, il ne faut rien laisser aux Prussiens. »

Il n'y avait plus de temps à perdre. La bonne qui m'avait suivi, remplit ses paniers de légumes de toutes sortes; quant à mes fruits, à mes belles pêches si savoureuses, la cueillette en avait été faite par d'autres mains; les arbres étaient entièrement dépouillés.

Aidé de deux jeunes gens du voisinage, je procède à l'enlèvement des meubles ; mais quand nous arrivons à la nacelle pour les y déposer, nous la trouvons tout envasée par suite du retrait de l'eau, occasionné par une forte baisse de la rivière. Que faire?

J'appelle les soldats qui bien vite déposent leurs fusils, empoi-

gnent la nacelle et la portent à bras jusqu'au canal où ils la mettent à flot.

Un autre de mes voisins, le père Muller qui habitait avec sa femme une maison de l'enclos, était fort souffrant depuis quelque temps et incapable de se mouvoir. Quand les soldats eurent connaissance de cette triste situation, ils l'installèrent dans un grand fauteuil et le portèrent ainsi jusque dans un bateau que son gendre, M. Kolb, mécanicien, avait envoyé pour le recueillir. Ils l'étendirent sur un matelas et c'est ainsi qu'il put être ramené en ville.

Le déménagement terminé, je m'embarque à mon tour, bien triste d'abandonner ainsi notre pauvre pavillon, notre cher jardin, voués au feu et à la destruction.

De toutes parts sur les bords de la rivière, les gens sont occupés à sauver tout ce qui peut être transporté. On vide les chantiers dont le bois est chargé dans de grands bateaux. Zabern a enlevé jusqu'aux portes et fenêtres de sa maison. Les arbres plantés le long du chemin de halage sont coupés, ainsi que ceux de la campagne Simon. La belle houblonnière appartenant à ce dernier n'existe plus. Ce ne sont que lamentations sur lamentations.

Le soir vers six heures, nous débarquons près des bains Saint-Guillaume. Cette fois la herse du Pont-Royal était levée et rien n'a entravé le passage du bateau.

Dans la soirée, j'apprends que l'ennemi a tiré sur un de nos parlementaires, le capitaine Roederer qui a été blessé, ainsi que le trompette qui l'accompagnait (1).

(1) Le capitaine Roederer de l'état-major des places, était sorti en parlementaire, accompagné du trompette de lanciers Hoeltzel, qui portait le drapeau blanc.

Sa mission terminée, il rentrait en ville par la petite route de Schiltigheim en pressant un peu l'allure de son cheval, quand des soldats embusqués dans une houblonnière, tirèrent sur les deux cavaliers. Le capitaine et le trompette atteints de plusieurs balles, vidèrent les étriers et restèrent étendus sur la route. Des ouvriers qui travaillaient aux fortifications vinrent les relever et les portèrent à l'ambulance où on constata que leurs blessures n'offraient que peu de gravité.

Quelques heures après, le général Uhrich recevait du général de Werder une lettre dans laquelle ce dernier exprimait ses vifs regrets au sujet de cet incident dû à une regrettable erreur de ses soldats, ajoutant qu'il les ferait sévèrement punir. Le général Uhrich, dans sa réponse à cette lettre, eut la générosité de demander la grâce des coupables.

Un détail typique au sujet du drapeau blanc des parlementaires.

Celui que l'on employait depuis le commencement des hostilités, disparut dans l'incendie du 24 août qui détruisit les bureaux de l'état major de la place. Au lendemain de ce sinistre, ces bureaux furent provisoirement installés dans la grande salle du restaurant de la *Pomme de Pin*, situé en face de l'Etat Major, mais on ne s'aperçut de la disparition de ce drapeau qu'au moment de faire sortir un parlementaire. Que faire ? Le temps pressait. Une serviette du restaurant, clouée à la hampe d'une lance, fit l'affaire. Une heure plus tard, ce drapeau improvisé flottait aux avant postes.

Dimanche, 21.

La journée se passe tristement. Dans l'après-midi, fusillade du côté de Koenigshofen; attaque et incendie du moulin dit *Roeth-mühl*, situé près de la brasserie Gruber.

Je rencontre le capitaine Jacobi, fils de mon vieil ami le docteur Jacobi, de Schiltigheim; il me raconte que la veille sa batterie à la citadelle a battu le fort défendant l'entrée du pont du chemin de fer à Kehl et que des obus avaient mis le feu à l'hôtel du *Saumon*, ainsi qu'à d'autres maisons voisines de la gare.

Vers le soir, la citadelle est vigoureusement bombardée par les batteries badoises de la rive droite du Rhin.

Lundi, 22.

Le matin, fusillade du côté de la porte Nationale. Anxieux d'en connaître la raison, j'escalade les huit étages de la maison Fasoli, rue du Vieux-Marché aux grains; de là-haut, je vois tourbillonner une épaisse fumée derrière Saint-Pierre-le-Vieux. Cela doit être une affaire semblable à celle du 18. Ce sont probablement nos travailleurs qui sous la protection des détachements d'infanterie, ont allumé les maisons des routes de Paris et de Barr; c'est peut-être l'ancien moulin de la Chartreuse qui brûle.

Je vois que la situation devient de plus en plus grave. Il est urgent de se mettre en mesure de parer à toutes les éventualités. De retour chez moi, je fais placer aux trois étages, ainsi qu'au grenier de la maison, des tonneaux et des cuves que l'on remplira d'eau.

Dans le courant de l'après-midi, j'assiste à l'enterrement du père Muller qui, transporté samedi du jardin dans la maison de son gendre, y mourut un quart d'heure après son arrivée.

Il a été inhumé au Jardin botanique qu'un arrêté du maire vient de transformer en cimetière. C'est déjà la neuvième tombe que l'on y creuse.

Voici cet arrêté :

Nous, maire de la ville de Strasbourg,

Vu l'état de siège,

Considérant que le cimetière Sainte-Hélène est occupé pour la défense de la ville, que le cimetière Saint-Gall vient d'être envahi par l'ennemi et que le cimetière Saint-Urbain, dont le sous-sol est rempli par les eaux d'inondation, est également exposé à être occupé par l'ennemi,

Que dans ces circonstances, il y a lieu de recourir à une mesure exceptionnelle et de faire provisoirement les inhumations à l'intérieur de la ville ;

Avons arrêté ce qui suit :

Art. 1er. — Les inhumations se feront provisoirement au Jardin botanique.

Après la cessation de l'état de siège, les corps pourront être exhumés et transportés aux anciens cimetières.

Art. 2. — Le présent arrêté sera soumis à l'approbation de M. le préfet et de M. le général commandant l'état de siège.

Le maire : HUMANN.

Vers le soir, l'annonce d'un nouveau bombardement se répand rapidement et cause une vive panique; nos locataires des deuxième et troisième étages, reviennent s'installer au rez-de-chaussée pour y passer la nuit. Mais, contrairement à l'appréhension générale, tout reste calme et tranquille.

Mardi, 23.

Une affiche placardée aujourd'hui (1), nous annonce que la

LE JARDIN BOTANIQUE.

(1) Cette affiche produisit une sensation profonde en ville. Voici ce qu'elle nous apprenait :

6e division militaire.

« Habitants de Strasbourg,

« La ville va être assiégée et soumise aux dangers de la guerre. Nous faisons appel à votre patriotisme, à votre virile énergie, afin de défendre la capitale de l'Alsace, la sentinelle avancée de la France.

ville va être assiégée en toute forme (1); elle fait en même temps appel à la fermeté des habitants et se termine par ces mots : Courage ! la France a l'œil sur vous.

La phrase est belle, mais où est cette solidarité ? A-t-on envoyé des secours pour empêcher l'invasion de l'Alsace, alors que le Haut-Rhin était encore ouvert à nos armées ? Ne sommes-nous pas à Strasbourg en droit de nous considérer comme abandonnés (2).

« Une grande victoire vient d'être remportée par les Français ». Tel est le bruit qui tout à coup circule en ville. C'est le *Petit Moniteur* qui nous donne cette nouvelle; un numéro de ce journal a pu être introduit par le cocher Sureau.

L'*Impartial du Rhin* publie de suite un supplément que l'on

« Des armes seront délivrées aux citoyens désignés par M. le maire, à l'effet de concourir à la protection des remparts.

« Amis, courage ! La Patrie a les yeux sur vous !

« Fait au quartier général de Strasbourg, le 22 août 1870.

« Le général de division, commandant supérieur,

« UHRICH »

Un ouvrier typographe m'a assuré que les premiers exemplaires de cette affiche portaient la phrase : « La ville va être bombardée ». Sur certaines instances bien maladroites en vérité, on substitua pour ne pas trop alarmer la population, le mot « assiégée » qui ne nous apprenait rien de nouveau, à celui de « bombardée ».

(1) Quand le bombardement fut officiellement dénoncé au général Uhrich, celui-ci écrivit immédiatement au chef de l'armée allemande, pour le prier d'autoriser la libre sortie des femmes et des enfants.

Le général de Werder répondit par la lettre suivante : « Je regrette de ne pouvoir vous accorder cette demande. Mais vous vous trouvez dans une ville de 80,000 âmes, qui ne possède ni casemates, ni refuges. La présence dans cette ville des femmes et des enfants est pour vous un élément de faiblesse dont je ne puis vous priver. Ce qui fait votre faiblesse, fait ma force. »

(2) La population crut longtemps à la possibilité d'un secours extérieur, et la préfecture ne se fit pas faute d'entretenir cette illusion en répandant toutes espèces de fausses nouvelles. C'était tantôt la division d'occupation de Rome amenée par son chef, le général Dumont, tantôt la venue de 300,000 hommes conduits par Mac-Mahon. On s'efforçait d'ajouter foi à ces belles histoires. Qui, même parmi les plus sceptiques, aurait pu se faire à l'idée d'une France impuissante à lever une nouvelle armée et à l'envoyer à la frontière pour notre délivrance.

Quelques optimistes endurcis nous rappelaient complaisamment ces paroles de Rouher : « L'empereur a porté la force militaire de la France, comme personnel et armement, à un degré d'intensité formidable. »

s'arrache au kiosque des journaux du Broglie, ainsi qu'à l'imprimerie Berger-Levrault. Nous apprenons que « de la splendide armée du prince Frédéric de Prusse, il ne reste que des débris », que le prince Albert a été tué; mais la date de cette bataille, dite de Longeville, n'est pas précise. On ne sait si elle a été livrée le 17 ou le 19. Tout cela est bien vague. La dépêche ajoute, chose fort consolante pour nous, que Sa Majesté, après avoir fait sa visite à l'évêque en compagnie du prince impérial, a quitté Metz en voiture.

J'ai passé les premières heures de la nuit sur la terrasse de ma maison. De tous côtés brillent les éclairs des coups de canon, à Kehl, à la citadelle, à Koenigshoffen, à Schiltigheim. Des obus se croisent dans les airs avec leur sifflement plaintif et éclatent avec fracas sur les toitures. Les détonations des canons de Kehl prennent vingt secondes pour arriver à mes oreilles, celles des canons de Koenigshoffen et de Schiltigheim en mettent douze. Cette canonnade à outrance m'a permis de faire cette expérience d'acoustique sur la vitesse de la propagation du son.

Samedi, 27.

Ah! les rudes journées que nous venons de traverser! Que de ruines amoncelées dans ce court espace de temps! Ces dates néfastes du 24 et du 25 août, laisseront dans l'histoire de notre ville une empreinte sinistre que rien ne pourra effacer.

Mercredi soir, tous les locataires de la maison étaient descendus au rez-de-chaussée, ainsi qu'ils en avaient pris l'habitude. J'étais avec mon fils au grenier et nous observions le bombardement lointain de la citadelle, quand soudain les détonations retentissent près de nous, les obus tombent et éclatent dans notre voisinage.

C'étaient les batteries de Koenigshoffen et de Schiltigheim qui venaient de reprendre leur feu. Un obus tomba sur la toiture du Temple-Neuf dont le chœur renferme aujourd'hui la bibliothèque municipale; un second, un troisième le suivent; peu après le feu se déclare, et une lueur rouge enveloppe le clocheton. Les hommes préposés à la garde de l'église, prennent la fuite au lieu de chercher à combattre ce commencement d'incendie.

Les flammes se propagèrent avec une grande rapidité, attisées par un impétueux vent d'ouest. Vers minuit, toute la partie nord de la toiture de la Bibliothèque était consumée; la partie sud que rien ne soutenait plus s'effondra avec un fracas terrible sur les voûtes qui cédèrent sous un choc aussi puissant et toute cette brûlante avalanche s'abîma dans l'intérieur de l'édifice qui s'embrasa aussitôt.

Le mal que la chute de cette toiture pouvait faire à ma maison était désormais conjuré; je descendis en informer les miens.

Bien m'en prit, car en arrivant dans la cour, je la trouvai toute parsemée de charbons ardents que le vent y avait jetés; je les fis éteindre bien vite par un des gardiens du Temple-Neuf, ouvrier charpentier, qui s'était réfugié chez nous dans un état d'effarement absolu.

Cette besogne achevée, je lui proposai de m'accompagner au grenier pensant l'utiliser comme auxiliaire. « Pas pour mille francs », telle fut la réponse de ce poltron.

Il tombait à ce moment une pluie assez serrée qui détermina une saute de vent; il tourna au nord et nous envoya des quantités de flammèches et de charbons embrasés, dont beaucoup pénétrèrent dans le grenier par les lucarnes; c'est en frappant dessus avec des sacs mouillés que nous en eûmes raison.

Un instant après, je m'aperçois d'un commencement d'incendie dans une mansarde de la maison de mon beau-frère Weber, contiguë à la mienne. La fenêtre de cette mansarde donnait sur ma terrasse; il me fut donc facile de l'enfoncer. Le fils Paul Weber, accouru à mes appels, jeta quelques seaux d'eau sur les meubles qui flambaient déjà.

Mais pendant qu'on veillait ainsi aux étages supérieurs, un nouveau danger nous menaçait d'un autre côté. Dans une chambre du premier étage se trouvaient accumulés des objets de literie; une flammèche entrée par la fenêtre brisée, y mit le feu. Heureusement, l'odeur du crin et des plumes brûlés se répandit bien vite et là encore, mon beau-frère Edouard et ma sœur réussirent à conjurer le mal.

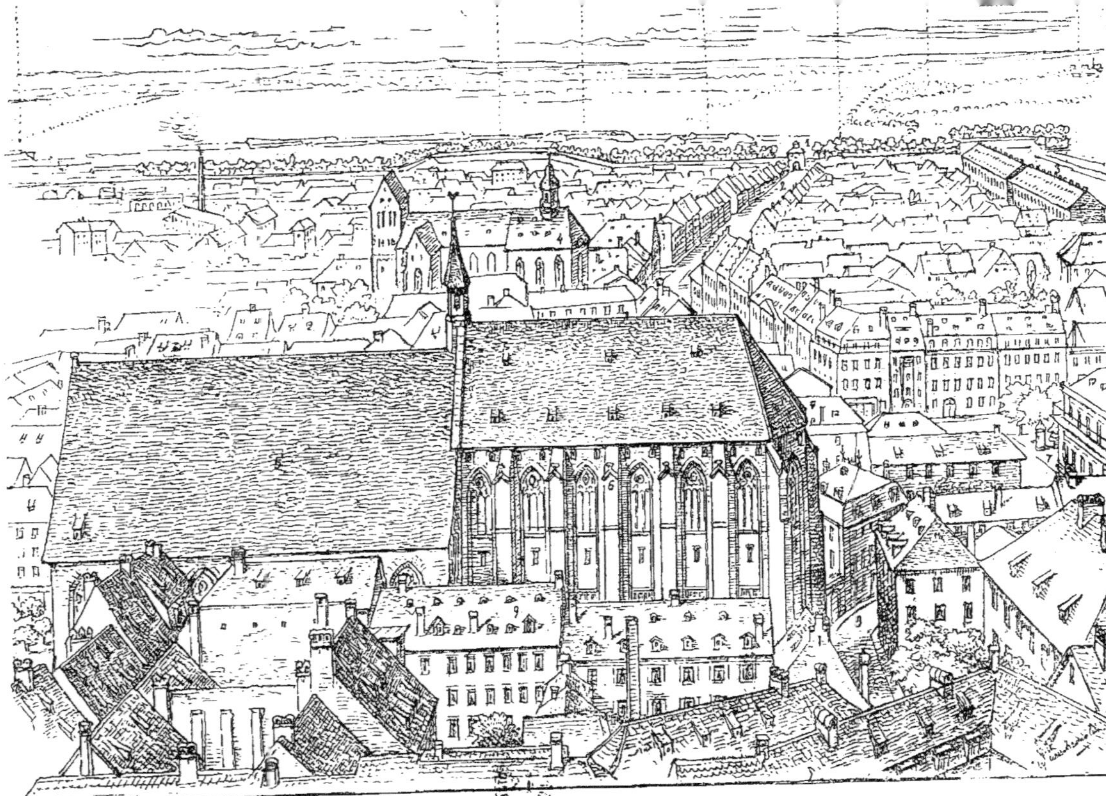

LE TEMPLE NEUF ET LA BIBLIOTHÈQUE

1. Porte de Pierres. — 2. Faubourg de Pierres. — 3. Caserne de la Finckmatt. — 4. Saint-Pierre le Jeune. — 5. Temple-Neuf.
6. La Bibliothèque. — 7. Place du Broglie. — 8. Rue du Temple-Neuf. — 9. Maison de Piton.

L'incendie du Temple-Neuf et de la Bibliothèque avait atteint à ce moment toute son intensité, car le feu avait pénétré à l'intérieur de l'église par les portes donnant sur la tribune de l'orgue. Par toutes les hautes baies ogivales du chœur et de la nef, jaillissaient des tourbillons de flammes. A une heure du matin, la partie supérieure du clocheton s'écroula (1), le feu se communiqua alors à la toiture de l'église qui bientôt s'effondra à son tour et enfonça les deux voûtes. Sous ce choc formidable, la terre trembla comme remuée par un tremblement de terre. Les obus tombaient dans cette fournaise et y éclataient en faisant jaillir des gerbes d'étincelles. C'était un terrifiant feu d'artifice (2).

Clocheton du Temple-neuf.

Bientôt, tout autour de nous s'allument de nouveaux brasiers; la banque Hirsch, les maisons Wenger et Flach, les maisons Scheidecker, Coulaux, Laroche, brûlent à la fois. Quelle nuit terrible ! Se trouver au centre d'une quinzaine d'édifices en flammes et se voir réduit à ses seules forces, sans secours possibles, quelle situation pleine d'angoisses. Nous n'avions pour nous aider, qu'un brave garçon, sergent d'infanterie, que mon fils avait pu déterminer à rester avec nous; il faisait partie d'un détachement envoyé par la Place pour prêter main-forte aux sapeurs pompiers accourus dès le début de l'incendie. Impuissants devant un pareil désastre, soldats et sapeurs s'étaient dispersés dans les maisons du voisinage ou étaient rentrés à la caserne.

(1) Une grosse pierre, provenant de ce clocheton, tomba dans la cuisine du troisième étage de la maison et fracassa un fourneau en faïence.

(2) Après la chute de la ville, un de nos garnisaires, soldat de la Landwehr de la garde, m'affirma avoir pu lire une lettre à Hausbergen, à la lueur de cet incendie. Et pourtant la distance est au moins de cinq kilomètres.

Nous attendions le jour avec anxiété, mais comment dépeindre le tableau qui s'offrit alors à nos regards. Que de ruines! Que de malheureux chassés par les flammes, forcés de tout abandonner et de chercher un asile chez les voisins. Les salles du Gymnase protestant laissées ouvertes à tout venant, ont recueilli un grand nombre de ces réfugiés.

Mais que dire de la destruction de notre Bibliothèque, destruction qui constitue pour le monde savant une perte irréparable (1).

Réduits en cendres, anéantis, les nombreux manuscrits des chevaliers de Saint-Jean, le célèbre *Hortus deliciarum* de Herrade de Landsperg, les chroniques manuscrites de Closner, de Kœnigshoven, de Hertzog, les *Collectanea* de Specklin, de Silbermann, les œuvres héraldiques de Luck, celles de Richard, de Schilter, de Wencker, de Schœpflin, la bible de Mentelin, les nombreux incunables, les éditions princeps; anéantis

(1) Le bibliothécaire crut devoir consulter le maire sur les mesures à prendre pour assurer le salut de ses collections, mais ce magistrat chargé de la direction de tant de services, obsédé et harcelé de tous côtés, l'écouta à peine et se contenta de lui dire : « Est ce que j'ai le temps de m'occuper de vos livres. » Cet accueil

RUINES DE LA BIBLIOTHÈQUE

les quatre-vingts volumes de catalogues, les riches médailles, les collections d'antiquités de tous les siècles. Tout cela est perdu à jamais.

Cette destruction me cause une émotion d'autant plus profonde que je ne puis oublier que pendant de longues années, j'ai été employé à cette bibliothèque en qualité d'adjoint et que c'est là que j'ai puisé les éléments de mon « Strasbourg illustré. »

Dès le matin je parcourus le quartier pour me rendre compte du désastre. Outre les maisons ruinées dans notre voisinage immédiat, je constate la destruction de trois maisons en face du Broglie, d'une aile des bâtiments du Gymnase, de trois maisons rue de la Mésange et du musée de peinture, place Kléber (1).

De là, je me rends à l'Académie, car je suis anxieux de voir en quel état se trouve ma bibliothèque. Les rues que je traverse sont couvertes de tuiles brisées, de plâtras, de fragments de verre et encombrées de meubles, de ballots de linge et de vêtements, pauvres épaves arrachées aux maisons menacées de destruction. Sur la rivière, des bateaux chargés de houille ont été coulés par les obus.

Ah! si on pouvait aller de maison en maison recueillir de la bouche de leurs habitants, le récit de leurs angoisses, de leurs souffrances morales et physiques, on en remplirait des volumes et pourtant dans tous ces groupes qui remplissent les rues, domine la ferme résolution de ne pas se laisser abattre, de résister à outrance.

Je trouve ma bibliothèque toute bouleversée par un obus qui a

---

peu parlementaire, il est vrai, laissait cependant au bibliothécaire toute latitude de faire enlever et mettre en lieu sûr, au moins ceux des ouvrages dont la perte était particulièrement désastreuse. Quand survint la catastrophe, rien encore n'avait été fait pour le salut de ce trésor littéraire et archéologique.

(1) Ce musée, longtemps installé dans les salles du rez-de chaussée de la mairie, venait d'être transféré au premier étage de l'*Aubette*, grande construction monumentale occupant tout un côté de la place Kléber. Il renfermait des toiles du Pérugin, de Schoengauer, du Corrège, de Veronèse, du Tintoret, de Van Ostade, de Claude Lorrain, de Zix, de Gabriel Guérin, etc., ainsi que de la plupart des artistes alsaciens modernes. Les sculpteurs Ohmacht et Grass y étaient représentés par des statues de grand mérite.

éclaté dans la salle, mais sans communiquer le feu. Il est urgent de prendre des dispositions pour préserver mes livres, ainsi que les collections du Muséum d'histoire naturelle et je compte m'entendre au plus tôt à ce sujet avec mon collègue qui demeure à l'Académie.

Les deux appartements occupés par mes enfants dans ma

maison sont devenus à peu près inhabitables par suite des dégâts causés par l'incendie du Temple-Neuf; ils se décidèrent en conséquence à changer de domicile. Mon fils avait rencontré dans la matinée M. H... qui, déterminé à quitter Strasbourg à ses risques et périls, faisait ses derniers préparatifs de départ. Mis au courant de la situation, il offrit à mon fils l'hospitalité dans sa belle demeure du quai Kléber. Quoique la maison soit bien rapprochée du front d'attaque et fort exposée, mon fils accepta l'offre et le soir même les deux familles s'y installèrent.

Le bombardement continua pendant toute la journée du jeudi avec plus ou moins d'intensité, mais il augmenta de violence une fois la nuit venue (1).

(1) Ce même jour, à trois heures de l'après-midi, l'évêque de Strasbourg, Mgr Raess, sortit par la porte de Pierres pour tenter de voir le grand-duc de

Vers dix heures, un obus perça la toiture de la nef de la cathédrale, dans l'angle du chœur au-dessus de la balustrade. On ne distingua tout d'abord qu'un point brillant, comparable à la flamme d'une bougie, mais subitement le feu gagna la charpente et se propagea avec une célérité inouïe dans l'intérieur des greniers. Les plaques de cuivre qui formaient la couverture, tordues et rougies sous l'action de cette fournaise, flottaient comme des lambeaux d'étoffe poussés par le vent et s'abimaient finalement dans le brasier.

A minuit la toiture était complètement détruite. Les voûtes avaient résisté et les contrevents en fer qui fermaient les ouvertures du beffroi empêchèrent le feu de se communiquer aux charpentes de cette partie de l'édifice (1).

La ville entière fut éclairée d'une lueur sinistre par cet incendie

Bade qu'il connaissait particulièrement, espérant obtenir, par son entremise, la cessation du bombardement dirigé contre la population civile. La voiture du prélat rencontra les avant-postes ennemis à la hauteur de la tuilerie, près du cimetière Sainte-Hélène, et dut s'arrêter. Après une heure et quart d'attente, l'évêque fut autorisé à traverser les lignes et à se diriger sur Mundolsheim, quartier-général de l'armée ennemie. Beaucoup, parmi les soldats, s'inclinèrent sur son passage, et reçurent sa bénédiction épiscopale.

Au quartier-général, Mgr Raess ne put voir que le chef d'état major de Leszinski qui, tout en lui prodiguant les marques d'une haute déférence, lui signifia que rien ne pouvait être modifié dans l'exécution des ordres donnés par le général en chef. Le prélat rentra en ville fort découragé par l'insuccès de sa démarche ; on lui prêta cette parole : « Je ne suis pas saint Léon, mais j'ai rencontré pis qu'Attila. »

Fait curieux à noter. Pendant que la voiture de l'évêque stationnait aux avant-postes, les pionniers allemands certains de ne pas être inquiétés par la place qui avait suspendu le feu dans cette direction, accoururent nombreux pour travailler aux ouvrages de tranchée.

(1) Une partie du métal en fusion trouva passage par la grande ouverture du centre de la coupole et tomba dans le chœur. Au contact de cette pluie de feu, les bancs et les stalles du chapitre s'allumèrent aussitôt. On eut un moment des craintes fort vives, car la crypte, au-dessous du chœur, avait reçu la veille les blessés du grand séminaire, chassés par les obus. Heureusement que la résistance des voûtes empêcha toute autre communication du feu dans l'intérieur de l'édifice et permit de se rendre rapidement maître de ce commencement d'incendie.

et comme la veille pour le Temple-Neuf, l'ennemi lança des projectiles dans le brasier pour en éloigner les secours. C'était à chaque explosion des bouquets de feu et d'étincelles. Quel tableau tout à la fois fantastique et terrifiant. J'en pleurais de pitié pour notre pauvre cathédrale, si aimée, si vénérée, pour ce monument sacré que sa valeur historique et artistique eût dû préserver à travers les siècles des atteintes de la guerre (1).

Peu après deux heures du matin, je vois soudain la tour s'éclairer d'un reflet étrange et se dresser livide dans la nuit, comme un blanc fantôme. Je suppose que ce sont quelques-unes des maisons de la place qui, allumées par les obus, jettent en brûlant cette lueur sur la cathédrale :

Brisé par tant de fatigues et d'émotions, je descends de mon observatoire pour prendre quelques heures d'un repos bien nécessaire.

En regagnant ma terrasse au matin, je pus constater que le jour n'avait pas interrompu le feu de l'ennemi; l'œuvre de destruction continuait implacable (2). La cathédrale avait reçu de nouvelles

---

Le rapport de M. Klotz, architecte de la cathédrale, donne les dimensions suivantes du foyer de l'incendie : 60 mètres de long, 15 de large, avec une profondeur moyenne de 2 mètres. Dans cet espace d'une capacité de 1.800 mètres cubes, 600 stères de bois et 12,000 kil. de cuivre et de fer se sont trouvés en combustion.

(1) En 1678, les Français se trouvant en hostilité avec la République de Strasbourg, lancèrent trois boulets en ville, dont l'un frappa la cathédrale. La chose parut si énorme à nos pères, qu'ils en consacrèrent le souvenir par une inscription dont voici la traduction :

« Le 17 octobre 1678, à la demie pour onze heures du matin, les Français ont depuis la *Zollschantz*, à cette place où se trouve un cercle noir, lancé un boulet de six livres, qui a rebondi en arrière de soixante et un pieds. Et ce boulet a été apporté par l'architecte Heckeler, à la Chambre des Treize, à M. l'Ammeister régnant, Dominique Dietrich. Dieu veuille miséricordieusement préserver cette église et cette ville aussi longtemps que les jours du ciel dureront. »

Qu'auraient-ils dit et pensé du bombardement de 1870?

(2) Dix-huit batteries bombardèrent la ville, les 24, 25 et 26 août; elles étaient placées sous les ordres des capitaines dont les noms suivent :

Batteries prussiennes de la garde : Capitaines de Weinberger, de Magilowski, Blume. Batteries prussiennes de la ligne : Capitaines Glodkowski, Dietrichs,

atteintes; je comptai la trace de seize coups sur la partie inférieure

de la tour; d'autres avaient frappé la nef et brisé quelques-uns des vitraux des hautes baies ogivales.

Mais c'est surtout la portion de la rampe de l'angle nord-ouest

Hüger, Kaiser, de Mechow, Weisswanga, Strœhmer, de Sichart, Piérer et Schweder. Batteries badoises à Kehl : Capitaines de Gleichenstein, Boch, Engler, Fohrenbach, de Mohl.

de la plateforme qui devient le point de mire des artilleurs allemands; c'est derrière elle que s'abrite l'officier d'état-major chargé d'observer les mouvements des assiégeants (1). Un premier coup en abat un gros morceau et ébrèche la corniche; un second coup qui frappe à gauche du premier, en détruit une autre partie. Un troisième obus achève la destruction de cette rampe et ne laisse debout qu'un fragment en forme d'X.

Dans le courant de la journée, la tour est atteinte de six nouveaux coups, dont l'un brise un des montants de la tourelle nord-ouest.

Décidément, on paie cher l'imprudence d'avoir installé un observatoire militaire sur la plateforme de la cathédrale.

Un obus a pénétré chez mon voisin le pasteur Hoerter; il a si gravement endommagé leur appartement que la famille a dû l'abandonner et chercher un abri au Gymnase.

J'ai passé toute la journée de samedi à la maison; j'avais besoin de repos.

J'ai pu engager comme veilleurs deux ouvriers qui dorénavant passeront les nuits dans ma maison. Cette mesure fort onéreuse, car je donne trois francs à chacun d'eux, me permettra au moins de dormir tranquillement.

Deux familles sans asile sont venues à quelques heures d'intervalle me demander un abri. Je les ai casées tant bien que mal dans un petit logement dans la cour, que les obus n'ont pas trop maltraité.

L'une d'elles est la famille d'un de nos voisins de campagne, du jardinier Ulrich. Contraints de se sauver en ville par suite de la destruction de leur demeure, ces braves gens avaient trouvé un refuge dans une maison du faubourg National; mais celle-ci aussi

(1) Dès les premiers jours du siège, on plaça sur cette partie de la plateforme un poste-vigie, relié au quartier-général par un fil télégraphique. Ce fut un officier d'état-major, secondé par des élèves de l'École de santé militaire, qui fut chargé de ce service. Le télescope employé pour les observations, fut fourni par le cabinet de physique de la Faculté des sciences.

vient d'être incendiée et les voilà forcés une seconde fois de se mettre à la recherche d'un toit hospitalier. Espérons que ma maison le leur fournira.

Une privation qui m'est fort sensible, je l'avoue, est celle de mon verre de bière le soir ; ma petite provision est épuisée et il me sera probablement difficile de la renouveler, car je suppose que brasseries et estaminets sont fermés. Peut-être pourrai-je m'en procurer chez l'ami Baur, le cafetier de la rue du Dôme. Je vais donc le trouver et j'apprends avec plaisir qu'il pourra me céder quelques bouteilles du breuvage désiré.

J'eus de même la chance de trouver dans le voisinage un bureau de tabac qui n'avait pas encore cessé son débit. Je profitai de cette occasion pour remplir ma tabatière vide depuis quelques jours et pour faire une petite provision qui me mettra pour quelque temps à l'abri de pareille mésaventure.

J'appris là que la veille l'hospice civil avait reçu de nombreux projectiles et que son église avait été détruite par le feu (1). On

(1) « L'hôpital de Strasbourg a été atteint depuis le premier jusqu'au dernier jour du bombardement. Le premier obus y est tombé le 23 août, les derniers le 27 septembre. » (Notice sur l'hospice civil, par le docteur Gros).

Comme pour faire diversion à tant de calamités, le bruit de l'arrivée d'une dépêche annonçant une armée de secours, circula tout à coup en ville. Un officier de la garnison de la citadelle envoyé en ville à cet effet, en donnait effectivement communication à tous venants. En voici exactement les termes :

« Dépêche donnée à M. le colonel Rollet, envoyée par Mac Mahon, au ministre de l'intérieur.

« France sauvée. Victoire de Demoncourt Jaucourt. Grande victoire de Toul. 45.000 tués, 35.000 blessés, 100 canons pris aux Prussiens. Corps Steinmetz en pleine déroute. Mac Mahon à Châlons avec 400.000 hommes. Alsace sauvée en huit jours.

« P. S. Nos soldats, admirables de sang froid, se sont fait un rempart des Prussiens tués ».

Dans l'excès de la joie, les gens s'abordaient dans les rues pour se communiquer l'heureuse nouvelle. « La chose est certaine, cette fois, se disait on, ils sont là, on les voit du haut de la cathédrale. Les Prussiens qui ont voulu leur barrer le chemin, ont été bousculés. Entendez-vous le bruit du canon qui se rapproche. Ils seront ici dans quelques heures. A ce soir la délivrance ».

Et on attendait anxieusement pour apprendre bientôt qu'on avait été leurré une fois de plus.

avait réussi par des prodiges d'énergie à combattre les progrès du fléau et à préserver les salles bondées de malades et de blessés (1).

Mon fils est venu à deux reprises prendre de nos nouvelles et nous rassurer sur le sort de la petite colonie émigrée dans la maison Hecht.

(1) On afficha dans la journée la proclamation suivante :

Habitants de Strasbourg,

Depuis trois jours la ville est bombardée à outrance.

Notre héroïsme, à cette heure, est la patience. C'est pour la France que vous souffrez. La France entière vous dédommagera de vos pertes.

Nous en prenons l'engagement au nom du gouvernement que nous représentons.

Au quartier-général, le 26 août 1870.

Le général de division, commandant supérieur,

UHRICH.

Dimanche, 28.

AH! le triste dimanche. Tout est désert dans les rues ce matin; au lieu des joyeux promeneurs partant en foule pour les excursions champêtres, on ne rencontre que quelques personnes à mine triste et abattue, qui se hâtent en rasant les murs, pensant ainsi éviter les projectiles. Les voitures d'ambulance amènent aux hôpitaux leurs contingents de blessés de la nuit. Vers onze heures, passent les soldats chargés de leurs effets de campement; ils vont relever les postes des remparts et des ouvrages avancés.

Cinq ou six obus tombent dans le courant de la journée au milieu des ruines du Temple-Neuf et sur les maisons de mes voisins. Quant à la mienne les grands murs de la Bibliothèque avec leurs puissants contreforts lui servent en partie de bouclier. De ces amas de décombres se dégagent toujours encore des tourbillons de fumée; on se croirait devant le cratère d'un volcan.

Lundi, 29.

Le bombardement a diminué d'intensité. Par contre, les coups de canon se succèdent rapidement. Ce sont nos batteries qui tirent sur les travaux de l'ennemi.

Je vais faire dans le courant de l'après-midi, une visite à mon beau-frère Théodore, au faubourg de Pierres. Ils sont tous en bonne santé, mais ont dû quitter, eux aussi, leur appartement du 3e étage pour se réfugier chez un de leurs locataires, M. Kobelt, officier de santé, qui habite le premier.

L'aile droite de la gare du chemin de fer a été incendiée.

Mardi, 30.

J'ai porté ce matin les états de traitement à l'Académie pour les soumettre à la signature du recteur. En traversant la place de la cathédrale, je fus heureux de constater que la façade principale de l'édifice avait subi beaucoup moins de dégâts que le côté nord, plus particulièrement exposé aux coups de l'artillerie assiégeante. Je remarque que le couronnement de la niche qui abrite la statue équestre de Clovis, a été abattu, ainsi que le pinacle qui le surmontait; la statue a eu une jambe brisée.

La femme Ganier, notre blanchisseuse, demeurant au Finckwiller, dans la maison du boulanger Heid, a été tuée à la fenêtre de son logement par un obus. Elle tenait sa petite fille dans ses bras; le projectile déchira si affreusement l'enfant que la partie supérieure de son corps fut projetée dans la rue.

Mercredi, 31.

Ce matin une équipe d'ouvriers commandée par un cantonnier procède à l'enlèvement des décombres de la Bibliothèque. Le bibliothé-

UNE INSTALLATION (QUAI KLÉBER).

caire assisté de son adjoint M. Scherb, surveille le travail et contrôle chaque pelletée avant qu'elle ne soit jetée dans les tombereaux. On a de la sorte déjà retrouvé la lame d'une épée à deux mains entièrement tordue, ainsi qu'une certaine quantité de médailles, la plupart déformées et à demi fondues. Il faudra bien des journées pour mener ce travail à bonne fin.

Beaucoup de nos compatriotes entièrement ruinés, se trouvent actuellement sans asile et sans nourriture; ils campent sous les ponts ou le long du chemin de halage du canal, en s'abritant de quelques planches.

Voici les mesures prises par les autorités pour remédier à un aussi déplorable état de choses :

Place de Strasbourg.

La population privée de logement par suite des incendies, est invitée à se construire des abris sur le chemin de halage des Faux-Remparts, en appuyant des bois contre les murs du quai.

Le colonel, commandant la Place,

DUCASSE.

Mairie de la ville de Strasbourg,

Le maire a fait informer hier soir à son de cloche, ses concitoyens, que les familles sans asile seraient recueillies au théâtre, dans les écoles communales, au Château impérial, à la Halle couverte, à l'ancienne et nouvelle Douane, à l'hospice des orphelins.

Les familles ruinées par le bombardement recevront à partir du mardi 30, des secours en pain, au bureau de bienfaisance, rue Saint-Marc.

Une commission est nommée pour établir des fours économiques, afin de distribuer des soupes aux indigents.

Le maire : HUMANN.

Cette douloureuse situation a réveillé les sentiments de charité et de solidarité du reste de la population si cruellement éprouvée elle-même. Des sommes notables ont été recueillies, des restaurants populaires ont été organisés, aux estaminets Piton et Bentz, dans la rue du Fossé-des-Tanneurs, à la halle couverte, etc. Sous la direction de citoyens dévoués, ces restaurants servent à onze heures du matin, au prix de 25 centimes, un repas composé d'une soupe copieuse, d'une tranche de viande de cheval, d'un gros morceau de pain et d'un verre de vin; ce même repas, moins le vin, servi le soir, coûte 15 centimes. Les personnes dont le dénûment est absolu, prennent gratuitement part à ces repas.

Le service des tables est fait par des jeunes filles qui se sont volontairement dévouées à cette tâche. J'ai assisté à un de ces repas et j'affirme que c'est un tableau réconfortant que celui que présente cette œuvre de réelle fraternité (1).

---

(1) Ce fut M. Belley, maître tailleur, qui, de concert avec Théod. Piton, fonda le premier restaurant populaire. Il fut installé le 30 août dans la salle de l'estaminet Piton. Sous l'énergique impulsion d'un homme dévoué à toutes les œuvres philanthropiques, M. Zopf, adjoint au maire, sept autres restaurants rapidement créés, ouvrirent leurs portes aux nécessiteux.

Ces établissements furent installés :

A l'école de la rue des Tanneurs, directeur, MM. Hauss.

A la Halle couverte, directeurs, Molck et Villard.

A la brasserie du *Soleil*, directeur, Braunschweig.

Au Kuppelhof, directeur, Berack.

Au fourneau Sainte Marie, directeur, Krafft.

A l'*Eléphant d'or*, directeur, Arlen.

Au théâtre, directeur, Krempp.

Dans l'espace de trente-six jours, ces huit restaurants distribuèrent 308.372 rations. Et ce n'était pas tout.

La « Société des cuisines économiques » donnait, de son côté, des repas à bon marché et fournissait même des aliments à domicile pour les malades et les impotents. Cinq locaux furent affectés à ce service :

L'école Saint Jean, rue Kuhn;
La brasserie de l'*Ours blanc*, place Kléber;
L'estaminet Bentz, rue de l'Outre;
La Réunion des arts, rue des Balayeurs;
Les deux Hallebardes, au Finckwiller.

Les services hospitaliers n'étaient pas moins bien organisés. La loge maçonnique avait tout d'abord ouvert une souscription destinée à la création d'une ambulance.

Puis s'organisa activement la « Section de l'Internationale pour Strasbourg ». Dès le 5 août, elle était en mesure d'envoyer une ambulance de campagne à

J'apprends que le presbytère de Sainte-Aurélie a brûlé cette nuit. Le pasteur, M. Schmidt, un de mes amis, est venu se réfugier

chez son fils qui habite rue des Grandes-Arcades. On avait réussi à sauver une partie de son mobilier qu'on avait entassé dans une grande voiture pour le conduire en lieu sûr, quand un obus tomba au beau milieu du chargement et le réduisit en miettes en éclatant.

On fait de nouveau circuler en ville la nouvelle d'une grande victoire que le général Bazaine doit avoir remportée le 28, sur le corps du général Steinmetz.

Cela serait fort heureux pour nous, mais comment croire à la

Soultz; cinq jours après, elle en expédiait une seconde à Froeschwiller. Beaucoup de médecins et d'élèves de l'École de santé militaire, quittèrent ainsi la ville pour prodiguer leurs soins à nos malheureux soldats, mais il leur fut impossible de rentrer à Strasbourg, une fois leur mission terminée. Le général de Werder, qui empêchait la sortie des femmes et des enfants qui constituaient pour la défense un élément de faiblesse, ne laissa pas rentrer les médecins et les infirmiers de l'Internationale qui apportaient aux assiégés le secours de leur science et de leur dévouement.

L'Internationale, quoique ouvertement contrecarrée dans les commencements par la préfecture, créa quatorze ambulances complètement pourvues. Voici le nom de leurs emplacements avec le nombre de leurs lits :

Petit séminaire	85 lits	Franciscains	19 lits
Grand séminaire	120 »	Sœurs réparatrices	10 »
Séminaire protestant	140 »	Château impérial	92 »
Synagogue	12 »	Lycée	95 »
Loge maçonnique	14 »	École normale	69 »
Couvent Saint-Joseph	91 »	Imprimerie Berger-Levrault.	35 »
Petites sœurs des pauvres .	23 »	Ambulance des convalescents	80 »

885 lits, auxquels il convient d'ajouter ceux des ambulances organisées dans les maisons particulières, que desservaient des femmes et des jeunes filles volontairement vouées à cette tâche. Ce fut un précieux concours apporté aux deux grands établissements hospitaliers, l'hôpital civil et l'hôpital militaire.

M. Schnéegans, dans son intéressant ouvrage, la *Guerre en Alsace*, donne, à titre de curiosité, le procès-verbal de la séance du comité de l'Internationale,

réalité de ce succès quand on a été trompé bien des fois déjà par des annonces de victoires. Nous sommes devenus défiants. Vers le soir, le feu de l'artillerie diminue un peu ; pourtant, au moment où j'écris ces lignes, un obus passe en sifflant au-dessus de ma maison. On y est si bien habitué qu'on ne sourcille plus.

A huit heures et demie, la canonnade reprend de plus belle ; je monte au grenier pour gagner ma terrasse devenue mon poste d'observation. Les détonations viennent du côté de la citadelle que bom-

tenue le 26 août, dans un local de la rue de la Marseillaise. M. Kablé, un des membres les plus dévoués de cette société, fut seul à y assister. Il rédigea et signa ce document unique qui, mieux que de longues descriptions, montre dans quel désarroi était tombée la population par suite du bombardement. Voici ce procès verbal :

« La rue de la Marseillaise a été détruite. en grande partie, dans la dernière nuit, par les incendies. A l'heure où le comité doit tenir séance, les bombes pleuvent de toutes parts. Il n'est donc pas étonnant que les membres du comité plus éloignés de son siège, n'assistent pas à la séance.

« La séance est levée à cinq heures. « Kablé ».

Au milieu de cet élan de toutes les bonnes volontés, il convient de signaler la conduite du père Joseph, barnabite qui. chaque nuit, se trouvait aux remparts, cherchant à se rendre utile auprès des soldats blessés. Après la capitulation, il alla à Ulm où, pendant de longs mois, il prodigua ses soins à nos prisonniers malades.

Le général Ambert, dans son livre, *Récits militaires, l'Invasion*, écrit, d'ailleurs. dans un sentiment patriotique très élevé, trompé sans doute par des informations inexactes ou influencé par un esprit trop confessionnel, n'a pas craint de dire, page 483 : « Les dames de Strasbourg eurent la pensée de créer des ambulances qu'elles auraient servies, mais il fut difficile, pour ne pas dire impossible, de mettre d'accord les catholiques et les protestants. »

A la page 482, le même auteur affirme que : « Les officiers badois faisant partie de l'armée assiégeante. se fournissaient d'uniformes dans la ville de Strasbourg. Un tailleur fut arrêté à la porte de Pierres, apportant pantalons et tuniques à ses clients les ennemis ».

J'en appelle aux souvenirs de ceux qui ont vu le faubourg et la porte de Pierres pendant le siège, de ceux qui se rappellent ce quartier en ruines, cette porte bourrée de sacs à terre jusqu'au sommet des voûtes, ces ponts de l'avancée enfoncés par les bombes, ces abords de la place que l'on ne traversait qu'au prix des plus graves dangers.

Tous conviendront qu'il est bien difficile de se figurer dans un milieu pareil, l'apparition d'un tailleur venant gracieusement livrer « pantalons et tuniques » à ses clients les officiers badois, arrivés jusqu'à l'entrée du faubourg pour les recevoir.

BASTION 17.

bardent les batteries badoises de Kehl. On voit les bombes s'élever dans les airs pareilles à des étoiles filantes, pour retomber avec fracas. Je constate aussi deux foyers d'incendie en ville.

Kablé.

Mes veilleurs sont à leur poste. Je redescends pour me jeter sur mon lit et prendre quelques heures de repos. C'est à ce moment que les quelques locataires restés dans la maison descendent au rez-de-chaussée pour y passer la nuit; ils sont munis de châles, de manteaux et tiennent à la main une valise qui renferme leurs valeurs, car en cas d'alerte, il faut être prêt à se mettre en route. On ferme les volets, on blinde les fenêtres; des matelas sont jetés par terre et chacun s'y installe de son mieux. Une bougie reste allumée; elle éclaire de sa lueur vacillante ce pittoresque campement.

L'arrêté suivant a été affiché dans la journée, en réponse à une manifestation assez tumultueuse qui a eu lieu hier, place Gutenberg. Les manifestants s'étaient séparés aux cris de : Vive la République !

6e division militaire.

Vu l'état de siège.

Sur le rapport qui nous a été fait qu'une réunion de 300 personnes aurait été tenue hier matin, place Gutenberg, et que des motions illégales y auraient été formulées. Arrêtons :

Article premier : Tous attroupements ou réunions publiques quelconques sont interdits;

Art. 2 : Les contrevenants seront déférés au Conseil de guerre.

Au quartier-général, le 31 août 1870.

Le général commandant supérieur :

UHRICH.

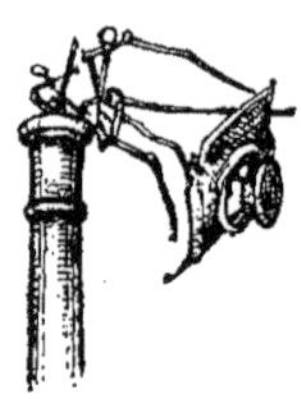

Jeudi, 1er septembre.

Voici un nouveau mois qui commence. Que nous réserve-t-il? Verrons-nous bientôt finir nos inquiétudes et nos angoisses ? Apprendrons-nous qu'une suspension d'armes a enfin mis un terme à cette triste guerre? Pour ma part, je ne conserve que peu d'espoir, l'avenir m'apparaît bien menaçant (1).

Je vais voir ce matin mon beau-frère Théodore au faubourg de Pierres et de là je passe chez mes enfants qui sont tout près de là.

---

(1) Depuis quelque temps déjà des vols étaient signalés sur différents points de la ville; des appartements étaient mis au pillage; résultat fatal de l'extrême misère. Le général essaya de mettre fin à ces déprédations par l'arrêté suivant :

Nous, général de division, commandant supérieur.

Vu l'état de siège.

Considérant que des malfaiteurs profitent des incendies allumés par l'ennemi et de l'infortune des habitants pour voler et piller les propriétés.

Arrêtons : Tout individu surpris en flagrant délit de vol ou de pillage, sera immédiatement jugé selon les lois militaires.

Fait au quartier général, le 1er septembre 1870.

Le général commandant supérieur,

UHRICH.

Tout en longeant le quai Kléber, je remarque combien peu les maisons qui le bordent paraissent avoir souffert du feu de l'ennemi; quelques traces d'éclats de bombes ou d'obus et c'est tout (1). Je fais la même observation devant la maison dans laquelle demeurent

mes enfants; la façade est restée à peu près intacte. Mais en pénétrant à l'intérieur on s'aperçoit bien vite que là aussi, les obus ont fait leur œuvre de destruction; le côté nord, c'est-à-dire celui qui fait face au front d'attaque, a reçu de terribles atteintes. Le joli jardinet attenant à la maison, dans lequel on passerait volontiers quelques instants, est devenu absolument impraticable, tant les projectiles y tombent. Tout récemment, la femme d'un douanier qui s'y était installée pour faire prendre l'air à son bébé, a été tuée avec l'enfant.

Étant dans le voisinage du quai Saint-Jean, où habite mon vieil

(1) C'est dans la cave d'une maison encore inachevée de ce quai que l'énergique et actif consul des États-Unis avait installé pour quelque temps son bureau. Le pavillon américain, fièrement arboré à un des soupiraux de cette cave, désignait « l'office » aux solliciteurs.

AU FAUBOURG KAGENECK.

ami le sculpteur Friedrich, je ne résiste pas au désir de lui serrer la main et d'apprendre ce qu'il devient au milieu de ces catastrophes; je le trouve dans son atelier en train de fumer tranquille-

au faubourg Kageneck.

ment sa pipe. Il a pu, jusqu'à présent, rester dans sa maison et n'entend en sortir qu'à la dernière extrémité (1).

En le quittant, je pousse jusqu'à l'extrémité du quai, voulant me rendre compte de l'état du quartier Kageneck qu'on dit être si terriblement ravagé.

Ah! on n'avait rien exagéré. Quel lamentable tableau!

Depuis le quai du canal, jusqu'au pied du rempart, sur un espace de quelques centaines de mètres, s'étend un amas informe de ruines fumantes au milieu desquelles se dressent quelques cheminées, quelques pignons noircis et calcinés, qui, seuls, indiquent encore le tracé des rues. Ce sont les jardiniers, gens aisés, laborieux, fidèles aux vieilles coutumes, qui demeuraient là de père en fils. Qu'ont-ils dû devenir les malheureux après la destruction de

(1) Le vendredi 23, les bombes forcèrent le brave Friedrich à quitter son cher atelier et à chercher refuge chez des voisins.

leurs fermes, de leurs granges bondées de récoltes? On me raconte qu'une bombe est tombée dans l'église Sainte-Aurélie et qu'elle y a fait plusieurs victimes. Le grand chantier du charpentier Neppel a été détruit; celui de l'ami Brion est encore debout. Jusques à quand?

Dans le courant de l'après midi, je visite le cercle M***.

La canonnade a été forte pendant toute la matinée. La soirée est plus calme. J'en profiterai pour me reposer de bonne heure (1).

Vendredi, 2.

Une violente canonnade me réveille peu après quatre heures du matin. Je monte bien vite à mon poste. De là-haut, j'entends le bruit d'une fusillade furieuse qui roule sur tout le front d'attaque, depuis la porte Nationale jusqu'à celle de Pierres. C'est un combat sérieux qui se livre là-bas. Serait-ce une nouvelle tentative faite par l'ennemi pour arriver jusqu'à nos remparts? Nous saurons cela dans la journée. Le feu cesse à six heures.

Une commission a été nommée pour s'occuper des mesures propres à sauvegarder la Bibliothèque et les collections acadé-

(1) Ce même jour mourut le colonel Fiévet des suites de la blessure reçue à la sortie d'Illkirch.

Les six compagnies du régiment restées à Strasbourg, à l'exception des hommes de service aux remparts, assistèrent aux obsèques et accompagnèrent sa dépouille mortelle jusqu'au Jardin botanique. L'étendard du régiment était là entouré de sa garde de vieux soldats décorés ou médaillés. L'adjudant Chevalier, qui le portait, vint à la fin de la cérémonie incliner l'emblème sacré de la patrie sur la tombe du colonel, dernier hommage du régiment à son chef si regretté. Ce fut un moment solennel qui donna à ces funérailles militaires un caractère grandiose qu'accentuait encore le roulement continu du canon des remparts.

OBSÈQUES DU COLONEL FIÉVET

miques. Cette commission, dont je fais partie, a été convoquée ce matin à huit heures à l'Académie. Étaient présents : MM. André, délégué du maire; Bach, doyen; Ramot, Oberlin, Engel et Bécourt. On décida tout d'abord d'installer un poste de veilleurs dans les salles; je proposai de charger de ces fonctions les cantonniers de la ville, gens probes et robustes, sans emploi en ce moment, ou bien les facteurs de la poste qui se trouvent dans le même cas. J'appuyai sur la nécessité de placer dans les différents locaux des cuves remplies d'eau, et surtout de faire transporter dans les caves les catalogues, les inventaires et les livres les plus précieux. Après d'assez longues discussions sans solutions pratiques, la séance fut levée à dix heures.

En sortant de l'Académie, je rencontre quelques soldats du 87e qui, sur ma demande, me donnent les détails suivants sur l'affaire de ce matin.

« C'est une partie de notre régiment, le colonel en tête, qui a fait une sortie. La troupe devait pousser jusqu'aux tranchées et batteries ennemies pour enclouer les canons et détruire les ouvrages, mais elle venait à peine d'entrer dans un village à proximité du chemin de fer, qu'elle fut enveloppée de toutes parts et forcée de battre en retraite sous une grêle de balles. Trente-sept hommes de notre compagnie manquent à l'appel, ajoutèrent-ils tristement (1). »

(1) Cette opération fut dirigée par le colonel Blot, le vaillant chef du 87e de ligne, secondé par le lieutenant-colonel de Polhès. La colonne de sortie comprenait : les trois compagnies d'éclaireurs volontaires du régiment, quatre compagnies du 2e bataillon et une escouade de marins chargés d'enclouer les pièces ennemies. Quatre compagnies du 1er bataillon et quatre du 3e étaient placées en réserve aux portes de Saverne et Nationale.

A quatre heures du matin, les éclaireurs commencent l'attaque. Ceux du 1er bataillon quittent *les Rotondes* du chemin de fer et se lancent au pas de course sur le village de Cronenbourg, où arrivent en même temps les éclaireurs du 3e bataillon, accourus de la porte Nationale. Le colonel appuie le mouvement à la tête des volontaires et des 3e et 6e compagnies du 2e bataillon. La lutte fut vive; on se battit corps à corps dans la rue principale. Malheureusement nos soldats, malgré leurs efforts énergiques, ne purent arriver jusqu'aux tranchées prussiennes.

Craignant d'être coupé par des forces supérieures qui tournaient le village, le

Ce récit me prouve que le cercle de fer qui nous étreint ne sera pas facilement brisé.

J'apprends aussi que cinq prisonniers, dont un officier (1), ont été ramenés en ville.

Pendant le reste de la journée, la canonnade reste modérée.

On a retrouvé aujourd'hui dans les décombres de la Bibliothèque la lame du sabre de Kléber, ainsi que la batterie et le canon d'un de ses pistolets (2).

La soirée est calme et silencieuse. Que ce contraste est bienfaisant !

Samedi, 3.

J'ai passé une nuit tranquille qui m'a bien reposé.

Ce matin tout est mouillé; il a dû pleuvoir abondamment. A peine arrivé sur ma terrasse, je vois un obus éclater contre le côté Est de la tour de la cathédrale. Notre voisinage en a reçu plusieurs dans la journée; il en est tombé un place du Temple-Neuf, au *Schlupf*, lequel a fait une victime (3), un autre a frappé le mur de l'église, un troisième est tombé rue des Orfèvres.

---

colonel ordonna la retraite qui se fit en bon ordre; elle fut protégée par le feu de la 4ᵉ compagnie du 2ᵉ bataillon, embusquée dans les fossés de l'ouvrage 44 et par les 1ʳᵉ et 2ᵉ compagnies du 1ᵉʳ bataillon.

Nos pertes furent sérieuses : deux officiers, le lieutenant d'Arcine et le sous-lieutenant Philips tués : ce dernier tombé à quelques mètres des tranchées prussiennes. Ce n'est qu'après le siège que l'on retrouva le corps de ce vaillant jeune homme, que la végétation touffue du champ sur lequel il était tombé, avait entièrement dérobé à la vue. Treize sous-officiers et soldats tués, soixante et onze blessés, vingt-et-un disparus.

Les pertes totales de ce brave régiment, furent pour la durée entière du siège. Officiers tués : 3, blessés, 13.

Sous-officiers et soldats : tués, 222, blessés, 416, disparus 24.

(1) Le lieutenant Bruno de Versen, du 30ᵉ régiment d'infanterie prussienne. Cet officier était grièvement blessé.

(2) C'était un magnifique damas; près de la garde se lisait l'inscription suivante : « Achmet, artiste au Caire. » Le fourreau était recouvert de velours cramoisi; le ceinturon était tressé en passementerie cramoisie et or.

(3) C'était un homme qui s'était réfugié sous ce passage; il eut la tête broyée par le projectile.

HETZELSMUHL (PROPRIÉTÉ DE M. SCHLAEBER)

De une à deux heures, forte fusillade et canonnade sur le front d'attaque.

A cinq heures, éclate un violent orage; les roulements du tonnerre mêlés aux détonations de l'artillerie, forment une harmonie sauvage et grandiose.

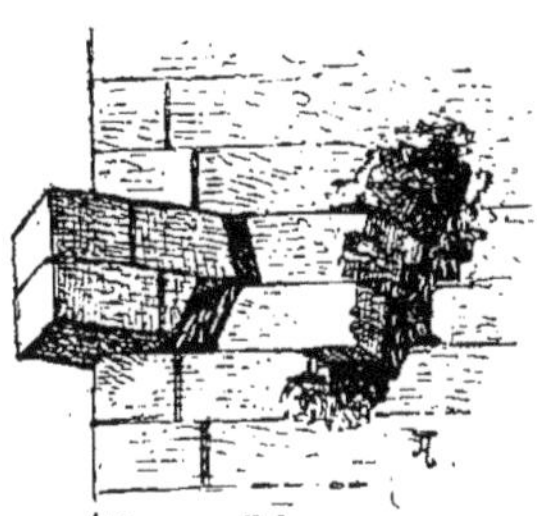
au théâtre.

Porte de Saverne intérieure.

Dimanche, 4.

Le bombardement continue avec sa désespérante régularité. A cinq heures, un obus dirigé contre la cathédrale, atteint la flèche au bas de la lanterne ; des fragments de pierres sont lancés dans toutes les directions ; c'est le coup le plus élevé qui ait frappé l'édifice. A six heures trois quarts, un autre projectile brise quelques-uns des fleurons des redans de la flèche.

C'est avec une profonde indignation que je vois notre vénérable cathédrale servir ainsi de cible aux artilleurs allemands. Que l'on ait voulu empêcher le maintien du poste d'observation de la plate-forme, cela peut se comprendre ; c'est la guerre. Mais le reste du monument ! Pourquoi le mutiler ainsi avec un si barbare acharnement.

Un de mes locataires, revenu ce soir d'une visite faite à son oncle, portier-consigne à la porte de l'Hôpital (1), est tout heureux

---

(1) Ce brave serviteur devait prendre sa retraite au mois d'octobre de cette même année. Il s'était fait construire hors la porte d'Austerlitz une petite maison fort bien

de nous raconter que la nuit dernière, un sergent et dix soldats du 45e étaient entrés en ville.

« Ces soldats, nous dit-il, appartiennent à l'avant-garde d'une armée de secours de 60.000 hommes, commandée par Mac-Mahon. Le maréchal va faire lever le siège, nous ne tarderons pas à être délivrés. Il a envoyé cette petite troupe pour nous annoncer la bonne nouvelle. Et cette fois, c'est bien vrai ! On a vu les soldats, on leur a parlé. »

Cette belle histoire me semble fort être un nouveau conte fabriqué je ne sais où (1) ; une fois de plus il fera le tour de la ville et trouvera des naïfs pour y ajouter foi. Si encore c'était vraisemblable.

Lundi, 5.

Après une première ronde faite à cinq heures du matin, je remonte à sept heures à mon observatoire. Un épais brouillard couvre la campagne du côté du Rhin.

Dans la matinée, je vais voir mes enfants que je trouve en bonne santé. Le concierge de leur maison, ancien gendarme, me raconte confidentiellement avoir parlé la veille à un messager envoyé au préfet par M. de Reinach (2). Cet homme, qui a réussi à traverser les lignes ennemies, est entré en ville en suivant à

aménagée et se faisait fête de l'habiter avec sa femme et de cultiver le jardin qui l'entourait. Toutes ses petites économies avaient été employées à cette construction. Malheureusement ce modeste rêve d'avenir ne devait pas se réaliser. La maison fut brûlée pendant le siège, de même que des centaines d'autres. Quant au vieux soldat, il fut emmené en captivité après la prise de la ville et interné à Mayence, où il mourut peu après son arrivée.

(1) Ces inventions, qui apportaient alternativement tant d'espoirs et tant de déceptions à la population, sortaient toutes de la même officine, c'est-à-dire du cabinet du commissaire central de police. La Commission municipale, pour couper court à cette campagne de mensonges, vota dans sa séance du 10 septembre, l'expression d'un blâme énergique, lequel, quoique adressé à l'agent de la police impériale, atteignait indirectement le préfet lui-même.

(2) Le chef de bataillon de Reinach, commandant la place de Schlestadt.

la nage le cours de l'Ill, et a remis aux autorités les dépêches dont il était porteur. Il assure en outre que les troupes allemandes qui, il y a quelques jours encore, remplissaient les villages des environs de Schlestadt, avaient évacué leurs cantonnements et s'étaient repliées sur Strasbourg.

Que peut signifier cela? Peut-on voir dans cette concentration le besoin de renforcer le corps de siège trop affaibli par des pertes sérieuses ou menacé peut-être par l'approche d'une armée de secours. Toutes suppositions sont permises. Le naufragé ne se cramponne-t-il pas à la première planche venue?

Cette journée est une des plus meurtrières du siège. De toutes parts arrivent de mauvaises nouvelles. Une bombe est tombée dans le corps de garde de la porte de Pierres dans lequel on venait de transporter un soldat blessé, auquel deux élèves de l'Ecole de santé militaire prodiguaient leurs soins. Cette bombe, en éclatant, blessa mortellement ces deux braves jeunes gens (1), acheva le blessé et frappa plus ou moins grièvement tous les hommes présents.

Au marais Kageneck, deux hommes sont tués dans une maison; près des Grandes Arcades, un enfant est coupé en deux sur le trottoir. Au quartier des pontonniers, un sous-officier essaie d'arracher la fusée d'un obus qui n'avait pas éclaté; quelques soldats l'entourent et suivent l'opération avec curiosité. Tout à coup l'engin fait explosion, tue deux de ces hommes et en blesse six. J'apprends aussi que le fils d'un de mes amis, Ed. Albin, a été blessé à la tête par un éclat.

En présence de la complète absence de nouvelles, la Commission municipale se dispose, paraît-il, à intervenir énergiquement. On m'assure que sur la proposition de M. Schnéegans, quelques-uns de ses membres (2) se sont rendus chez le préfet pour le prier de

(1) MM. Lacour, fils d'un industriel de Sainte-Marie-aux-Mines et Combier, fils d'un chef d'escadron d'artillerie de Mont-de-Marsan. Le premier mourut le même jour, le second vécut jusqu'au lendemain, et apprit avant de mourir qu'il était nommé aide-major et proposé pour la croix de la Légion d'honneur.

(2) Le fait était exact. Ce furent MM. Humann, maire; Bœrsch, Kuss, Clog, Lauth et Saglio qui allèrent interroger le préfet.

communiquer aux citoyens les nouvelles qu'il a dû certainement recevoir de l'intérieur. Mais le préfet déclara sur l'honneur n'avoir rien reçu depuis le 29 août, et ces Messieurs durent se retirer sans avoir rien appris. Et pourtant d'où peuvent venir les bruits d'une révolution à Paris, qui circulent en ville?

Cet après-midi, pendant que je suis sur ma terrasse, un obus fracasse la galerie de la nef de la cathédrale du côté Nord. Peu après, un autre projectile tombe sur le toit de mon voisin Auffinger et fait descendre une pluie de tuiles qui s'émiettent avec fracas sur le pavé de la cour.

Petit détail bien prosaïque. J'ai eu la chance de trouver chez un épicier un morceau de fromage de Parme que j'achetai bien vite; il va remplacer le gruyère dont je suis privé depuis quelques semaines déjà.

A ma ronde de neuf heures, tout est tranquille. Je profite de ce moment de calme pour me jeter sur mon lit.

Mardi, 6

J'ai dormi comme un bienheureux jusqu'à cinq heures du matin.

Je remonte au grenier et j'apprends de la bouche de mes gardiens que le bombardement n'a pas discontinué pendant la nuit; vers huit heures, le feu se ralentit sensiblement. J'avais maintes fois remarqué à cette même heure un ralentissement dans le tir; c'est probablement à ce moment que l'ennemi relève les hommes de service dans les batteries. Quoi qu'il en soit, l'accalmie est de courte durée et la canonnade reprend de plus belle (1).

Bientôt, nous voyons d'épaisses colonnes de fumée s'élever dans les airs du côté du faubourg de Pierres. On apprend bientôt que c'est la caserne de la Finckmatt qui est devenue la proie des flammes, ainsi que les ruelles qui l'environnent. Dans la rue principale du faubourg, les importants magasins de fer Meyer et Schlumberger,

(1) Les postes étaient relevés à midi. L'accalmie observée par Piton provenait du nettoyage des canons auquel on procédait vers huit heures du matin.

LE FAUBOURG DE PIERRES

la papeterie Huber, les maisons de commerce de blés et houblons Siégel et Worms n'existent plus. Ce sont des millions de perdus.

Dans le courant de l'après-midi, je vais visiter quelques connaissances. Pendant que je cause avec l'ami Grucker sur le seuil de son magasin, près des Grandes-Arcades, un obus vient jeter à bas une cheminée de l'estaminet Piton, en face. En traversant la Grande-Rue, je constate qu'à l'exception de quelques toitures endommagées, les maisons de cette rue populeuse, ainsi que celles des rues aboutissantes, sont restées à peu près intactes. Il en est de même de la rue du Vieux-Marché-aux-Vins. Il faut croire que la destruction de ce quartier n'entre pas dans le plan d'attaque de l'ennemi.

J'ai pu acheter en passant une douzaine de craquelins (*Faschtebrestele*) ; un boulanger de la Grande-Rue a eu l'heureuse idée d'en cuire une fournée bien vite enlevée par les passants.

Toujours rien de nouveau du dehors; nous vivons dans une incertitude écrasante qui commence à peser aux plus courageux. Quand et comment cela finira t il?

Est ce que l'empereur, cause première de nos malheurs, est encore sur le trône? Espérons qu'il reste encore assez d'énergie aux Français pour se débarrasser à la fois et de son souverain et de l'ennemi.

Le soir, à six heures, six obus dirigés contre la cathédrale passent bruyamment au-dessus de ma maison; deux d'entre eux frappent l'édifice, le premier, presque à côté du coup du 4 sept., le second brise une colonnette d'un escalier au nord est.

La soirée est relativement assez calme; mes veilleurs sont à leur poste ; je vais pouvoir prendre un peu de repos.

Mercredi, 7.

Je remonte sur ma terrasse à cinq heures du matin. Les étoiles brillent encore au ciel à ce moment. Un peu avant six heures, le soleil se lève radieux à droite de la tour signal, de la *Hornisgründe* (1). Combien paraissent misérables et criminels les agissements des humains en présence de ce spectacle sublime que nous offre la divine nature. Le souvenir des belles heures passées dans nos montagnes de la vallée du Rhin, me reviennent en foule. Que ne puis-je y demeurer toujours.

Les ouvriers continuent à travailler fort activement à l'enlèvement des décombres de la Bibliothèque et du Temple-Neuf. Le feu couve encore sous ces amas de pierres et de briques, qui atteignent une hauteur de cinq à six mètres et dont se dégagent des tourbillons de fumée éclairés la nuit par des langues de feu de toutes couleurs. Une pompe à incendie est là en permanence pour parer au danger.

Quinze jours déjà se sont passés depuis le terrible sinistre, quinze jours dont chacun fut marqué par des catastrophes.

---

(1) Nom d'un des hauts plateaux de la Forêt-Noire; on y a élevé une tour du haut de laquelle on jouit d'une vue très étendue.

Le bombardement, auquel répond vigoureusement le canon des remparts, continue toute la journée. Nous en eûmes notre part, comme d'habitude. A neuf heures, un obus traverse la toiture de la maison Auffinger, contiguë par derrière à la mienne et éclate avec un bruit formidable qui fait grelotter nos vitres. Un nuage de fumée et de poussière remplit notre cour. Le projectile a fait un grand trou dans le pignon et jeté bas une cheminée. Peu après, le couvent des Sœurs de la Providence, à deux pas de chez nous, reçoit une bombe qui éclate dans le grenier ; un obus abat le bouton d'un des contreforts du Temple-Neuf et va démolir et briser une partie du pignon et toutes les vitres de la maison du voisin Reber.

En passant avec mon fils le long du quai Kléber, nous vîmes tomber un obus sur le pont du faubourg, un autre sur le rempart de la Finckmatt, où ses éclats brisèrent un arbre ; un troisième tomba dans le canal dont il fit bouillonner l'eau en éclatant.

A cause du tir incessant dirigé sur la Mairie, on a été obligé d'abandonner ce bâtiment et de transférer les services municipaux à l'Hôtel du Commerce, place Gutenberg. L'ennemi, qui est toujours bien renseigné, connaissait les heures de réunion de la Commission municipale et ne manquait pas d'envoyer à ce moment quelques obus dans cette direction.

Nous avons eu ce soir une forte averse de pluie, accompagnée d'éclairs et de tonnerre.

Jeudi, 8.

Peu après minuit, une violente détonation me réveille. Je m'élance en toute hâte au grenier où je trouve mes deux veilleurs tout ahuris. C'est encore une fois la maison Auffinger qui vient de recevoir un projectile qui a percé le pignon et jeté dans la cour les quelques tuiles qui restaient encore sur le toit.

Je monte dans la matinée sur le grenier de la maison de mon beau-frère Weber, mon voisin de gauche. Depuis que l'immense toiture du Temple-Neuf n'existe plus, on a de là-haut une vue assez étendue sur la campagne ; à l'aide de ma longue-vue, je distingue la fumée des batteries ennemies du côté de Hausbergen.

De lamentables nouvelles circulent en ville ce soir. On assure que les Prussiens sont sous les murs de Paris et que l'empereur est prisonnier. On parle aussi vaguement d'une défaite éprouvée par le maréchal Mac-Mahon et de la capitulation de son armée.

Quant à cela, il m'est impossible d'y ajouter foi. Non, cela n'est pas possible ! Une armée française ne se rend pas, à moins d'être trahie ou vendue.

Vendredi, 9.

C'est aujourd'hui l'anniversaire de naissance du grand duc de Bade. A cette occasion, tout était en joie et liesse dans le grand-

Grand-garde prussienne dessinée à travers la longuevue.

duché. Bénazet, le fermier des jeux de Bade, faisait tirer un magnifique feu d'artifice confectionné dans les ateliers de notre compatriote Lips, le Ruggieri strasbourgeois.

Aujourd'hui, ce sont les Prussiens qui se chargent d'en tirer un à leur façon, en l'honneur du gendre de leur roi. De ce feu d'artifice qui dure depuis vingt-cinq jours, Strasbourg se souviendra longtemps.

Le bombardement continue toute la journée sans interruption. Trois obus frappent la cathédrale, l'un au-dessus de la lanterne, un second un peu plus bas, le troisième tombe dans l'intérieur de la tour. L'école d'artillerie, la Fonderie, l'Hôtel de ville, le théâtre qui sert de refuge à quantité de familles, sont criblés de projectiles. Dans la cour de l'Hôtel de ville, un surveillant de la voirie est tué et trois personnes parmi lesquelles l'architecte de la ville, Conrad, sont blessés (1).

Mais ce sont surtout les casernes qui sont maltraitées. Le quartier Saint-Nicolas prend feu dans la matinée et de ma terrasse je vois les colonnes de fumée qui s'élèvent dans cette direction. Outre les troupes de l'artillerie, on y avait logé les douaniers (2) rentrés en ville et une

(1) Un des plus modestes employés de la voirie, se distingua par son intrépide obstination à remplir sa tâche quotidienne. Chargé du balayage de la place de la Comédie, il arrivait, chaque matin, armé de son balai et se mettait à la besogne, enlevant consciencieusement feuilles mortes ou branches cassées par les éclats d'obus, sans autrement s'inquiéter du danger. On ne le vit plus vers la fin du siège : peut être sera t il arrivé malheur à cet humble et courageux travailleur.

(2) Les douaniers, tous anciens soldats, formaient un solide petit bataillon commandé par M. Marcotte, directeur des douanes. Ce bataillon fit partie des troupes du 3e secteur, front d'attaque. Habitués au dur métier de garde frontière, rompus aux intempéries, les douaniers fournirent d'excellents éclaireurs pour le service des avant postes. Le 24 août, un piquet d'une vingtaine d'hommes de ce bataillon, détaché en avant des lignes de fortifications, prit neuf soldats prussiens appartenant au 34e régiment ; ces prisonniers furent amenés au colonel Blot, commandant le secteur.

partie de la garde mobile, jeune et vaillante cohorte qui supporte bravement ce dur apprentissage de la guerre (1).

Une triste nouvelle. Nous apprenons avec douleur la mort d'une de nos bonnes connaissances, du capitaine Epp, vieil ami de mon

(1) Des cinq bataillons de la garde nationale mobile du Bas Rhin, quatre firent partie de la garnison de Strasbourg. C'étaient :

Le 1er (Saverne), commandé par le capitaine Lambouley, en remplacement du chef de bataillon, baron de Schauenbourg, malade (à la citadelle).

Le 3e (Haguenau), chef de bataillon, Jaluzot (front sud).

Le 4e (Strasbourg), chef de bataillon, comte de Pourtalès (front d'attaque).

Le 5e (Wissembourg), chef de bataillon, Starck (aux ouvrages des portes des Juifs et des Pêcheurs).

Le 2e bataillon (Schlestadt) fut envoyé à Schlestadt, avec les 1re, 2e, 4e et 5e batteries d'artillerie de la mobile. Les 3e, 6e, 7e, 8e, 9e, 10e, 11e, 12e, 13e et 14e batteries, restèrent à Strasbourg.

fils ; il a été tué sur les remparts pendant qu'il faisait réparer une batterie (1).

Nous ne savons toujours rien de positif sur les événements du dehors. S'il est vrai que l'empereur est prisonnier, nous entendrons probablement bientôt parler de la conclusion d'un armistice ou d'une intervention des puissances étrangères.

Les provisions commencent à se faire rares. Comme viande de boucherie, il ne reste plus que quelques vieilles vaches laitières que l'on ne peut plus nourrir faute de fourrage. Cette viande se vend maintenant 3 francs le 1/2 kilog. Le cheval qui au début du siège valait 25 centimes le 1/2 kilog, se vend actuellement 1 franc et 1 fr. 50 et on ne s'en procure pas toujours facilement. Cheval et légumes secs composent ordinairement notre menu ; nous nous régalons quand le *cheval à la mode* est fourni par une

(1) Le 8 septembre, à neuf heures du soir, un obus à balles éclata sur le bastion IX, en tuant le capitaine Epp, le maréchal des logis Angot, un brigadier et deux pontonniers. Le capitaine Epp, brave et solide officier, appartenait au régiment des pontonniers.

Ce régiment avait laissé à Strasbourg, les

1re compagnie, capitaine Denis.		9e compagnie, capitaine Epp.	
3e » » Kessler.		13e » » Denos.	
6e » » Mortet.		14e » » Serraz.	

De plus le peloton hors rang et le dépôt.

La moyenne des compagnies était de 75 hommes. Un tiers de l'effectif, soit 170 hommes, fut mis hors de combat.

Il convient également de mentionner le nom du capitaine Plarr du même régiment, grièvement blessé au coude.

jeune bête tuée par le feu de l'ennemi; mais quelle différence quand nous avons affaire à quelque vieille Rossinante de citadine. Le pain et le vin n'ont pas augmenté de prix; quant à l'extrait de viande Liebig et au lait concentré, ils sont devenus introuvables. Nous avons entamé aujourd'hui un jambon précieusement conservé jusqu'à ce jour; cuit avec des macaronis, il nous a constitué un vrai régal.

Samedi, 10.

Le bombardement a été calme cette nuit ; par contre la canonnade redouble d'intensité. J'ai fait successivement trois rondes pour suppléer à l'absence de l'un de mes veilleurs, sergent de la garde nationale qui était commandé de piquet cette nuit. Il me raconte ce matin qu'il a conduit une patrouille chargée de ramasser les soldats qui quittent leurs postes ou leurs casernes et viennent se cacher sous les Grandes-Arcades ou derrière les madriers dressés le long de beaucoup de maisons. Pauvres garçons! Ce sont des conscrits récemment incorporés qui n'ont du soldat que l'habit. Ignorants du métier, ils manquent de la force morale qui seule peut leur faire supporter cette existence de fatigues et de dangers.

Il en est venu quelques-uns l'autre soir, qui ont cherché un abri dans ma maison et dans les ruines du Temple-Neuf.

Encore une perte importante. Notre beau théâtre, devenu depuis quelques jours le but des projectiles ennemis, a été détruit ce matin par le feu; parmi les courageux citoyens qui se dévouèrent au sauvetage des malades qu'on y avait hospitalisés, plusieurs furent blessés.

J'ai appris au Cercle une nouvelle qui cette fois ne sort pas du cabinet du commissaire central, comme certaines dépèches reconnues fausses au bout de quelques heures. Celle-ci est vraie et bien réconfortante. Trois délégués du gouvernement fédéral suisse viennent d'arriver au quartier-général prussien avec la noble mission d'arracher aux privations et aux dangers du siège, les vieillards, les femmes et les enfants de notre pauvre ville. Ils doivent se présenter au général Uhrich pour s'entendre avec lui sur les meilleures dispositions à prendre pour mener à bonne fin cette œuvre d'humanité (1).

Ce dévouement, cette amitié basée sur tant de souvenirs historiques, m'arrachent des larmes de joie. Ce peuple suisse est un grand peuple;

(1) Ce fut par les récits des rares personnes qui réussirent à quitter Strasbourg et à se réfugier à Bâle, que l'on connut en Suisse la lamentable situation faite par le bombardement à la population de notre ville. Un profond mouvement de sympathie et de pitié traversa le pays tout entier. Les Suisses se rappelèrent l'étroite amitié qui unissait autrefois la vieille république alsacienne aux cantons de l'Helvétie. De toutes parts s'élevèrent des voix en faveur d'une intervention, d'une assistance à porter aux frères de Strasbourg.

Un comité se constitua pour étudier les moyens les plus efficaces pour venir rapidement en aide à une population si éprouvée. Ce comité chargea le colonel fédéral de Büren, président de Berne, le docteur Roemer, président de Zurich et le docteur Bischoff, secrétaire cantonal de Bâle, d'aller offrir au nom de la Suisse, l'hospitalité aux malades, aux femmes et aux enfants de Strasbourg. A ces délégués se joignirent MM. de Wattenwyl, officier fédéral et Staehling, banquier à Strasbourg, qui avait

lui seul ne nous abandonne pas dans le malheur, lui seul nous tend une main fraternelle.

---

le vif désir de rentrer en ville et qui espérait ainsi revoir sa famille et ses concitoyens.

La mission arriva le 10 septembre, au quartier-général allemand à Mundolsheim. Les délégués se présentèrent au général de Werder et lui exposèrent le but de leur voyage. Le général ne fut pas maître d'un mouvement de colère. « Ce qui est utile à l'assiégé, nuit à l'assiégeant », s'écria-t-il tout d'abord. Puis, se ravisant, il adressa les Suisses à son chef d'état-major de Leszinsky, qui se mit à leur disposition avec un louable empressement.

Restait à obtenir du général Uhrich l'autorisation de pénétrer dans la ville assiégée. La réputation de rudesse et de violence faite au général français par la presse allemande, faisait craindre un échec de ce côté. Néanmoins, les délégués lui adressèrent la lettre suivante qu'avait rédigée M. Staehling.

Mundolsheim, le 10 septembre.

« Excellence,

« Les délégués de Zurich, Berne et Bâle, munis des pouvoirs du Conseil fédéral suisse, viennent au nom de leurs concitoyens, offrir l'hospitalité suisse, aux habitants de Strasbourg, les plus en détresse.

« Notre conférence avec M. le général de Werder, a eu pour résultat l'autorisation de son Excellence, du passage par les lignes des assiégeants, des familles qui désireraient émigrer, mais dont la liste doit être soumise néanmoins à l'approbation de son Excellence.

« Nous osons espérer, M. le général, que votre Excellence reconnaîtra en notre mission un but purement humanitaire et que vous voudrez bien permettre non seulement la sortie des personnes, mais aussi notre admission dans vos murs, afin que nous puissions indiquer aux émigrants l'itinéraire à suivre et les moyens de subsistance que la Suisse met à leur disposition. Nous nous sommes en outre adjoint un habitant notable de Strasbourg, M. Ch. Staehling, résidant à Bâle, dont les connaissances locales nous seront utiles pour nous orienter dans l'accomplissement de notre mission.

« Nous avons de plus l'honneur de vous remettre une lettre du Conseil fédéral suisse à l'autorité municipale de Strasbourg, que nous prions votre Excellence de vouloir bien faire parvenir à son adresse.

« Nous prions votre Excellence, d'agréer l'expression de nos hommages respectueux.

« Dr Roemer, président de la ville de Zurich.
« O. de Buren, colonel fédéral, président du conseil de Berne.
« G. Bischoff, secrétaire du canton de Bâle, ville ».

La réponse du général conçue en termes élevés et bienveillants, causa aux

Dimanche, 11.

La journée d'aujourd'hui est devenue pour nous une date mémorable. C'est à midi que les délégués suisses doivent faire leur entrée en ville. J'ai voulu assister à leur réception et me suis

---

délégués une joie d'autant plus grande, qu'ils avaient jusqu'au dernier moment sérieusement craint d'être éconduits. Voici cette réponse.

Strasbourg, le 10 septembre.

« Messieurs.

« Les sentiments qui vous amènent à Strasbourg sont tellement honorables qu'ils vous assurent à la fois la reconnaissance des habitants et celle des autorités civiles et militaires.

« Pour ma part, je ne saurais trop vous remercier de la noble initiative que vous avez prise et je veux avant votre entrée dans nos murs, vous exprimer toute ma gratitude personnelle.

« Un parlementaire ira vous recevoir demain à 11 heures du matin à Eckbolsheim, pour vous accompagner à Strasbourg.

« Veuillez agréer. Messieurs, l'assurance de ma haute considération.

« Le général de division, commandant Uhrich ».

Le 11, vers midi, les délégués conduits par le parlementaire, capitaine de dragons Dupré, arrivèrent à la porte Nationale. La commission municipale, le maire en tête, les attendait dans l'ouvrage 38, entre les deux premières portes. Par une attention délicate du général Uhrich, l'autorité militaire s'était effacée et avait laissé aux conseillers municipaux seuls, le soin et l'honneur de recevoir la délégation. Une profonde émotion étreignit les cœurs, quand le pont levis baissé, on vit paraître ces hommes dévoués qui affrontaient courageusement le danger pour venir nous tendre une main fraternelle. Les têtes se découvrirent, bien des yeux se mouillèrent de larmes. Le maire, M. Humann, qui à grand'peine maîtrisait ses sentiments, leur adressa ces belles et nobles paroles :

« Messieurs,

« L'humanité, la charité chrétienne vous amènent au milieu d'une ville ravagée au nom d'un prétendu droit de guerre. Soyez les bienvenus et recevez l'expression de notre reconnaissance. Bien des souvenirs historiques vous rattachent à nous ; vous venez les resserrer encore et nous trouvons toujours des amis dans les nobles citoyens de la République helvétique, qui jadis étaient les alliés de Strasbourg et qui sous nos rois n'ont jamais cessé d'être avec la France dans les termes d'une étroite alliance.

« Oui, Messieurs, soyez les bienvenus dans ces jours si douloureux pour notre cité ; vous qui venez sauver des femmes, des enfants, des vieillards que n'avaient pu-

RÉCEPTION DES DÉLÉGUÉS SUISSES PAR LE MAIRE ET LE CONSEIL MUNICIPAL DE STRASBOURG

(Tableau de Touchemolin appartenant à M. Staehling)

acheminé, bien avant onze heures, vers la porte Nationale. La Grand'-Rue fourmillait de gens avides de voir, d'acclamer ces généreux amis qui, bravement, viennent arracher à la mort nos femmes et nos enfants.

Le feu avait cessé du côté Français; l'ennemi, par contre, ne paraissait pas vouloir agir avec la même générosité et continuait son tir, car pendant que je parlais à un passant devant la brasserie de l'*Aigle*, pendant que nous échangions les impressions que nous causait la vue de tant ruines, un obus tomba et éclata au milieu

---

soustraire aux horreurs de la guerre, ni le général gouverneur de la place, ni l'évêque du diocèse.

« Rapportez à l'Europe le spectacle dont vous allez être témoins; dites ce qu'est la guerre au dix neuvième siècle! Ce n'est plus contre les remparts, contre les soldats que le feu est dirigé ; ce sont des femmes, des enfants qui en sont les principales victimes.

« Nos remparts, vous l'avez vu, sont intacts, mais nos demeures sont incendiées. Nos églises, monuments séculaires et historiques, sont indignement mutilées ou détruites, notre admirable bibliothèque est à jamais anéantie. La conscience de l'Europe, admettra t elle que la civilisation recule à ce point de vandalisme et que nous retombions sous l'empire des codes de la barbarie.

Stoehling

« Vous pouvez dire cela à l'Europe, mais dites également que ces cruautés, ces dévastations, ces actes renouvelés des barbares et des musulmans sont inutiles, qu'ils n'ont pas dompté nos courages et que nous restons ce que nous avons toujours été, ce que nous voulons rester toujours, de courageux et fidèles Français et comme vous, Messieurs, des citoyens dévoués et fidèles à la patrie ».

M. Bischoff répondit à cet énergique discours par quelques paroles émues : « Je ne suis pas éloquent, ajouta t il en terminant, mais les actes tiendront lieu de paroles ».

Tous ensemble se dirigèrent alors à travers la rue du faubourg National vers l'Hôtel du Commerce, siège de la municipalité; sur tout le parcours du chemin, la foule fit une ovation enthousiaste aux délégués. Après une séance consacrée à la discussion des moyens à employer pour la prompte organisation des départs d'émigrants, les Suisses se rendirent chez le général Uhrich. A trois heures, ils dinèrent chez M. Staehling, leur compagnon de voyage. Ils quittèrent la ville à cinq heures pour retourner au quartier-général allemand.

de la rue, très animée en ce moment, mais heureusement sans blesser personne (1).

Peu après, le cortège déboucha de la porte Nationale et entra dans le faubourg. Tout d'abord venait le consul des États-Unis, assis sur un char à bancs et tenant à la main le pavillon national aux étoiles blanches. J'aurais voulu voir flotter à côté de ce drapeau, celui de la noble Confédération helvétique, la croix blanche qui, pour beaucoup d'entre nous, allait devenir la croix du salut.

L'absence du drapeau suisse laissa croire à beaucoup de personnes que les délégués arrivaient sous la protection et le patronage des États-Unis.

Puis venaient les trois délégués, accompagnés du maire et des adjoints et suivis des quarante-cinq membres de la Commission municipale. Les deux voitures qui avaient amené nos amis fermaient la marche.

Aux cris mille fois répétés de Vive la Suisse, Vivent les délégués, le cortège traversa le faubourg et le pont; il voulut continuer sa route en prenant à gauche par le quai, mais la chute de quelques obus détermina un changement d'itinéraire. La colonne

(1) Le général Uhrich avait fait cesser le feu dans les batteries avoisinant la porte Nationale. Du côté allemand le tir fut également interrompu dans cette direction, mais pendant une demi-heure seulement. Le général de Werder ne voulut pas laisser aux Français le temps de réparer les dégâts de leurs remparts en accordant une plus longue suspension du feu.

rebroussa chemin et s'engagea dans la Grand'-Rue pour arriver à l'Hôtel du Commerce.

Après le dîner, je me rendis au Cercle, où je rencontrai l'ami Wolff, membre de la Commission municipale. La conversation roula tout naturellement sur les événements de la matinée et sur les heureuses conséquences que nous espérons en voir découler (1).

En partant, je charge mon ami de remettre deux de mes cartes au délégué de Zurich, avec prière de les faire parvenir l'une, au Vénérable de la ☐ *Modestia cum libertate*, dont je suis membre d'honneur; l'autre, à l'instituteur Keller.

Après avoir passé par les émotions d'une journée pareille, que me reste-t-il à dire sur les faits ordinaires de notre existence?

Est-il nécessaire de constater que la cathédrale a reçu son contingent quotidien de projectiles? Qu'à cinq heures, un obus est tombé dans l'intérieur de la tour; qu'à six heures trois quarts, un second est venu éclater à la même place.

Mentionnons pourtant un petit incident. La sonnerie des heures était arrêtée depuis le commencement du siège; voici que tout à coup, à neuf heures trois quarts du soir, retentit un vibrant coup

(1) Le commissaire central, le plus redouté, le plus détesté des agents de l'autorité impériale, se sentait particulièrement menacé par les nouvelles apportées par les Suisses; il tenta une dernière fois de réagir par une de ces manœuvres perfides dont il était coutumier.

Dans la soirée se répandit le bruit que ces « soi disant délégués, ces apôtres de l'humanité », n'étaient en réalité que des espions prussiens. Que sous le couvert d'une mission de charité, ils étaient venus en ville pour y apporter des nouvelles de nature à décourager soldats et citoyens. Mais les autorités veillaient. Le Conseil de guerre était là pour faire prompte justice, non seulement des faux délégués, mais encore de tous ceux qui prêteraient les mains à leurs audacieuses menées.

Peu de personnes ajoutèrent foi à ces misérables calomnies; seuls, ceux qui de près ou de loin appartenaient à l'administration, crurent devoir prendre parti contre ces « prétendus délégués ». Les Suisses qui croyaient n'avoir à affronter que les bombes et les obus, furent bien étonnés d'apprendre plus tard, qu'ils avaient manqué être arrêtés le soir même de leur arrivée.

La vérité finit cependant par triompher. Le lendemain de ce jour, le préfet, baron Pron, se rendit au sein de la Commission municipale et lui communiqua ses dépêches, les premières reçues depuis longtemps, disait-il, lesquelles annonçaient la déchéance de l'Empire et la proclamation de la République.

de cloche. Ce son aérien qui résonna au-dessus de la ville comme un signal, mit bien du monde en émoi. Il faut sans doute l'attribuer à une pierre qui, détachée de la flèche ou de la couronne par un éclat d'obus, heurta la cloche dans sa chute.

Porte de Saverne extérieure.

Lundi. 12.

Le matin, forte fusillade; j'ai appris dans la journée qu'elle provenait d'un engagement à la Robertsau.

Un peu avant neuf heures, un projectile frappe la cathédrale à la tourelle nord-est, un peu au-dessous de la cloche ; à dix heures trois quarts, au moment où je passe au pied de l'édifice, un second coup frappe le bas de la tour à gauche. J'étais sorti pour serrer la main à mon beau-frère Théodore qui se dispose à émigrer avec sa famille sous les auspices des délégués suisses.

La pensée d'une capitulation commence à se propager dans la population. Nous n'avons aucun secours à attendre de l'extérieur; l'empereur, cause première de notre triste situation, a pris la fuite. Puisse t-il être pris par les Prussiens.

Il y a une certaine analogie entre la crise que nous traversons et celle de 1681. A cette époque aussi, l'Empire oubliait sa vieille ville impériale et l'abandonnait faible et désarmée aux entreprises de Louis XIV.

Nous savons maintenant, de source certaine, que la République a été proclamée à Paris, à Lyon, à Marseille, dans les grandes villes de France. Ce sont les délégués qui nous l'ont appris. J'ai l'assurance que si cette forme de gouvernement, que je considère comme la plus juste et la plus rationnelle, pouvait être établie à Strasbourg, elle y prendrait de solides racines. Mais l'installer dans les départements de l'Ouest ou du Midi, me semble chose assez problématique. Le caractère français n'a pas le fond sérieux qu'exige le bon fonctionnement d'une République. Le passé l'a prouvé à maintes reprises.

Dans la situation actuelle, une monarchie avec un prince d'Orléans, nous donnerait des chances d'intervention diplomatique de la part des puissances. La République nous laisse isolés.

Entre neuf et dix heures du soir, la canonnade est très vive du côté de la citadelle. Un incendie rougit le ciel dans la direction du quartier des Pontonniers.

Mardi, 13.

Le bombardement a continué pendant toute cette journée et a particulièrement atteint le quartier du Broglie; l'École d'artillerie a dû être évacuée.

Comme complément des nouvelles reçues hier, les gens colportent des bruits de toutes sortes; les uns vous affirment que l'Autriche et l'Italie ont déclaré la guerre à la Prusse; d'autres annoncent la réunion à Paris d'un congrès chargé de discuter les conditions de la paix. Mensonges et inventions que tout cela!

Ce qui, malheureusement, n'est que trop réel, c'est la défaite de nos armées et la captivité de l'empereur que confirment les récits des délégués suisses. Napoléon est interné à Wilhelmshœhe, près de Cassel. Tout dans cette résidence lui rappellera son oncle Jérôme, le fameux roi de Westphalie qui, lui aussi, fut violemment dépossédé de son trône. C'est encore par les Suisses que nous apprenons la fuite de l'impératrice et de son fils et leur arrivée en Belgique.

On placarde ce matin l'affiche suivante qui annonce la déchéance de Bonaparte et la proclamation de la République.

6e DIVISION MILITAIRE

Habitants de Strasbourg, officiers, sous-officiers et soldats de la garnison,

La République a été proclamée à Paris. Un gouvernement de défense nationale a été institué. En tête de son programme, il a mis l'expulsion de l'étranger du sol français. Nous nous rallierons tous à lui, nous, chargés de la défense de Strasbourg, chargés de conserver à la France cette noble et importante cité.

Porte des Juifs.

Unissons donc nos volontés et nos forces pour atteindre ce but et pour concourir ainsi au salut de la patrie.

Habitants de Strasbourg,

Par vos souffrances, par votre résignation, par le courage de ceux d'entre vous qui prennent part à la défense de la ville, par votre patriotisme, vous avez secondé l'armée dans les efforts qu'elle a eus à accomplir. Vous resterez dignes de vous-mêmes. Et vous, soldats ! Votre passé répond de l'avenir; je compte sur vous, comptez sur moi.

Au quartier-général de Strasbourg, le 12 septembre 1870.

Le général de division, commandant supérieur, UHRICH.

Les délégués suisses sont rentrés en ville aujourd'hui, après avoir conféré avec le général de Werder sur les moyens propres à faciliter la sortie des émigrants (1). Sur quatre mille demandes, cinq cents seulement ont été accordées pour jeudi, le 15 (2).

Que de déceptions pour les personnes qui attendent si impatiemment le moment de se soustraire au danger.

Un officier français, le sous-lieutenant Archer du 96e, commandant du fort de Lichtenberg, est rentré avec les Suisses; il a été échangé avec le lieutenant Bruno de Versen, blessé et pris lors de la sortie du 4 septembre (3).

(1) Ce furent MM. de Büren et Roemer qui revinrent dans nos murs, les deux Suisses, MM. Bischoff et de Wattenwyl, s'étaient rendus à Lahr pour activer les préparatifs de la réception des émigrants. Pour cette seconde entrée, les deux délégués étaient accompagnés de MM. Staehling et Schillinger, pasteur. Ce dernier, qui dès le lendemain des hostilités s'était rendu à Paris pour acheter les médicaments nécessaires aux ambulances, avait été retenu à son retour par les assiégeants qui ne laissèrent passer que ses caisses de pharmacie. A force d'instances, il obtint du général de Werder l'autorisation de rentrer en ville avec les Suisses.

Quant aux deux cochers badois, rien ne put les décider à braver une seconde fois les obus. Le voyage dut s'effectuer à pied.

(2) Quinze cents demandes d'émigration furent tout d'abord transmises au quartier-général allemand, qui en accepta six cents pour le premier départ fixé au 15. D'autres départs eurent lieu successivement, le 17, le 19 et le 21 septembre. Deux mille personnes environ, quittèrent la ville sous la protection des généreux suisses.

(3) Cet échange eut lieu le soir de ce jour, au moment du départ des délégués. Le lieutenant de Versen, encore souffrant de sa blessure, arriva à la porte Nationale dans une voiture d'ambulance, autorisée sur sa demande à le transporter jusqu'à l'hôpital allemand d'Eckbolsheim. Un autre voiture que M. Staehling avait pu se procurer en ville, portait les délégués. Le capitaine Favre accompagnait cette petite troupe en qualité de parlementaire,

On franchit difficilement les portes; les voitures durent être dételées et hissées à bras par dessus des parapets de terre récemment élevés. Aux avant-postes il fallut attendre plus d'une demi-heure l'arrivée du parlementaire prussien et du sous-lieutenant Archer pour pouvoir opérer l'échange. Tout se passa fort courtoisement. Les deux officiers, libres maintenant, se serrèrent cordialement la main; autour d'eux, officiers et soldats d'escorte oubliant tout sentiment d'inimitié, causaient en camarades et s'offraient des cigares. Deux conducteurs allemands remplacèrent à partir des avant-postes, les deux soldats du train qui avaient amené la voiture d'ambulance. Ces derniers, en attendant à Koenigshoffen le retour de leur voiture, firent largement honneur à une collation qu'on leur fit servir.

Dans le courant de l'après-midi, je fis un tour en ville avec mon fils. Plusieurs maisons sont pavoisées en l'honneur de la proclamation de la République. Quel contraste saisissant que celui

qu'offraient ces drapeaux de fête, flottant aux maisons d'une ville assiégée et bombardée depuis vingt-neuf jours.

Vers le soir, la canonnade redouble d'intensité. Étant à neuf heures sur ma terrasse, je vois de toutes parts luire les éclairs des coups de canon, tant du côté des portes d'Austerlitz et de l'Hôpital au sud, que de celui du front d'attaque au nord.

Mercredi, 14.

Le bombardement a duré toute la nuit, mais avec moins de vigueur. Un obus a éclaté dans le grenier de mon voisin, Nonnenmacher, le boulanger de la rue des Orfèvres. A 8 h. 3/4 du matin, un obus brise la dernière branche restée au tilleul de la cour Auffinger.

Je suis allé ce matin voir les récents dégâts du quartier du Broglie. C'est la curiosité qui me pousse et un peu aussi, je l'avoue, le désir de tuer le temps; on se sent malade d'esprit et absolument incapable de se livrer à une occupation intellectuelle.

Ce quartier a cruellement souffert depuis ma dernière visite qui remonte au 8 de ce mois. Le Théâtre est en ruines, deux des six Muses d'Ohmacht qui décoraient le péristyle ont eu la tête emportée, la Mairie a sa toiture enfoncée en mille endroits, ses cheminées abattues; sa façade du côté du Broglie est trouée et criblée de coups. La maison Adam a été fort endommagée par l'incendie de la maison Gast, sa voisine. La Banque de France est hachée à l'intérieur. En jetant un regard dans les ruelles aboutissantes à la promenade, on les voit jonchées de débris. La rue Sainte-Claire est devenue impraticable par suite de la chute des toitures de la Fonderie. La cour du Luxhof est remplie de fragments arrachés aux toitures.

Pendant que j'étais en train d'examiner cet affligeant tableau,

deux obus tombèrent et éclatèrent à proximité; l'un derrière le Théâtre, l'autre à côté de la Préfecture.

Je rentre chez moi en passant par la rue Brûlée, maudissant ces Prussiens barbares et plus encore, l'empereur qui par sa déclaration les a jetés sur le pays.

Après notre bien frugal dîner, je vais prendre une tasse de café chez l'ami Baur, pour avoir occasion de lire le *Courrier du Bas-Rhin*. Ce journal donne le manifeste de Jules Favre, le nouveau ministre des affaires étrangères. C'est un langage mâle et patriotique, tel qu'on pouvait l'attendre d'un citoyen éprouvé comme lui. Mais le roi de Prusse, qui cependant a déclaré ne vouloir combattre que l'empereur et non la nation, voudra-t-il dans l'enivrement de ses succès, entrer en pourparlers et entamer des négociations de paix ?

Quoiqu'on prétende que l'Autriche a mis sur pied une armée de 400.000 hommes, je ne crois pas que les souverains d'Europe se décident à intervenir; ils sont trop intéressés à voir diminuer le

prestige et la puissance de la France. La proclamation de la République ne fera qu'accentuer cette réserve. Un jour viendra peut-être où la politique envahissante du chancelier Bismark modifiera ces dispositions.

La canonnade d'hier avait pour but d'empêcher l'ennemi d'établir une batterie à la *Schachenmühl* et une autre à cheval sur la route même de Colmar, car l'inondation qui couvre les champs bordant cette route, ne permet aucun travail de terrassement et défend efficacement le côté sud de la place. L'ennemi ne persista pas dans sa tentative (1).

Ce soir, la canonnade est très vive de part et d'autre. Pas d'incendie ! C'est une rareté.

Jeudi, 15.

Il a plu toute la nuit. Vers six heures, le soleil se lève radieux entre la *Hornisgrunde* et le *Sandkopf.* A sept heures, la pluie recommence à tomber.

A huit heures et demie, un obus frappe la cathédrale du côté ouest. A midi, un nouvel obus a atteint la flèche un peu au-dessous du coup du 11, et brise quelques redans. Sept minutes après, un projectile probablement lancé par la même pièce, pointée par le même artilleur, fracasse la tige de la croix. Sans l'armature des quatre tiges de fer qui, quoique courbées elles-mêmes par la violence du choc, la maintiennent encore, la croix avec le bouton qui la surmonte, serait tombée dans le vide. Et alors, que de malheurs, que de dégâts !

Kuss.

Comme justesse de tir, c'est un coup de maître; mais pour un homme qui a du cœur, qui a le respect de l'art, ce n'est pas autre chose qu'un acte de vandalisme.

M. Bœrsch est nommé préfet en remplacement du baron Pron et le docteur Küss est nommé maire en remplacement de M. Humann.

(1) L'artillerie allemande renonça effectivement à attaquer de face les fortifications du front sud, mais à partir de ce jour, ces ouvrages furent pris à revers par les batteries de Schiltigheim, dont les obus passaient par-dessus la ville entière avant d'atteindre leur but.

démissionnaire. Ces deux décisions de la Commission municipale ont été aussitôt ratifiées par le général Uhrich.

MM. Bœrsch et Küss sont tous deux hommes de devoir et d'expérience; ils ont fait leurs preuves et jouissent du respect de leurs concitoyens. Nous devons tous leur savoir gré de ce dévouement à la chose publique.

Vers le soir, une épaisse fumée s'élève dans la direction de la Finckmatt. Je me dirige de ce côté et j'apprends que ce sont quelques maisons du faubourg de Pierres qui ont pris feu. En rentrant, je rencontre notre nouveau maire auquel je témoigne mes sentiments de gratitude. Küss est une de mes vieilles connaissances, nous sommes même un peu parents; il monte chez moi et nous passons ensemble un quart d'heure en causeries dont notre triste position et son issue fatale font les frais.

Au moment de ma ronde à neuf heures, l'incendie du faubourg colorait encore le ciel; les bombes sillonnaient les airs et tombaient en majeure partie dans les environs de la porte des Pêcheurs. Je suppose qu'elles sont destinées à rompre le barrage qui retient les eaux de l'Ill en amont de la ville (1).

(1) Il était impossible aux artilleurs allemands d'apercevoir ce barrage construit entre deux ouvrages fort élevés; ils en déterminèrent néanmoins la position et le criblèrent d'obus avec une précision toute mathématique. Nuit et jour des travailleurs étaient occupés à réparer, au moyen de sacs à terre, les dégâts causés par cette ava-

Les maisons de ce voisinage sont fort endommagées; l'une d'elles occupée par un épicier, débitant de tabac, s'est totalement écroulée ces jours derniers.

En général, la journée a été meurtrière. Dans la rue de l'Outre, un obus à balles est venu éclater dans un groupe qui stationnait devant le restaurant populaire; deux personnes ont été tuées, trois autres blessées (1). Des soldats, des femmes, des enfants ont été frappés dans les faubourgs.

Vendredi, 16.

J'ai été réveillé à une heure du matin par une détonation épouvantable. Je monte à la hâte au grenier, certain que l'explosion avait eu lieu chez nous. Mes veilleurs, tout impressionnés de ce coup terrible, ne savaient pas où avait frappé le projectile. Ce n'était ni chez moi, ni chez mon beau-frère. Ce n'est qu'au jour que nous apprîmes qu'un obus à balles était tombé sur la maison de notre voisin Heinrich, qu'il avait abattu une cheminée et finalement éclaté dans une chambre du grenier. On retrouva cent trente balles sur le plancher et dans les parois de cette pièce.

Ennès, le ferblantier, un autre de mes voisins avec lequel je m'entretenais de ces événements (car aucun autre sujet de conversation n'est possible), m'apprend que son frère, ancien chef d'institution à Moscou, vient de quitter Strasbourg avec sa femme à l'aide d'un sauf-conduit que des amis de Brumath ont pu obtenir pour lui à l'état-major allemand. Il ajoute qu'un paysan d'Avolsheim a réussi à pénétrer en ville et qu'il a apporté à plusieurs personnes, notamment à l'ami Klauhold, des nouvelles de quelques-uns de leurs parents qui habitent les environs de son village.

Quand depuis des semaines on est enfermé sans communi-

---

lanche de projectiles. Plus de cinquante mille de ces sacs furent ainsi employés à cette besogne. Pour plus de sûreté, un second barrage fut établi sous le feu de l'ennemi, non loin du Contades, sur la rivière l'Aar.

(1) Parmi ces blessés se trouvait M. Herbin, négociant, lieutenant à la 8e compagnie, 1er bataillon, de la garde nationale sédentaire. Il mourut quelque temps après des suites de sa blessure.

LES REMPARTS DU COTÉ DU FRONT D'ATTAQUE

cations possibles avec le dehors, on est fort avide d'apprendre du nouveau. Je cours donc bien vite chez Klauhold espérant voir ce paysan et apprendre de sa bouche ce que devient mon beau-frère Victor à Dorlisheim. Il ne put malheureusement pas me renseigner sur ce point, mais il me certifia que Dorlisheim, ainsi que les communes environnantes, avait échappé à la lourde charge d'héberger des troupes prussiennes. Ce n'est que de temps à autre que des détachements ennemis paraissent dans ces villages pour y faire leurs réquisitions.

De là, je vais faire une visite à la mère de mon gendre. Elle me dit avoir renoncé au projet de quitter la ville avec les Suisses. Je ne puis que l'approuver ; son quartier est relativement épargné ; en outre ce voyage lui occasionnerait trop de fatigues, vu son âge et son état de santé.

Je me rends ensuite chez mes enfants. Je retrouve en traversant la Grand'Rue une certaine animation ; le monde circule, quelques magasins sont ouverts. J'avais déjà précédemment constaté que les maisons de cette rue étaient à peu près intactes. Quelle différence avec notre quartier.

Mes enfants commencent, eux aussi, à trouver très lourde une situation qui n'offre plus aucune chance favorable. Il faut dire que la maison qu'ils habitent est terriblement éprouvée en raison de sa proximité des remparts ; on peut certainement évaluer à plusieurs quintaux le poids des fragments de projectiles de toutes espèces qu'elle a reçus, lesquels forment dans la cour un tas fort respectable. Les canons et mortiers des batteries de la place, tonnent constamment à leurs oreilles. Insouciante au milieu de tout ce bruit, la petite Elisa joue tranquillement avec sa poupée. Heureux âge ! Ayons foi en la Providence. Elle seule nous régit.

Escalier de la haute-nef, côté sud. (Cathédrale.)

Samedi, 17.

PENDANT toute la nuit, l'artillerie n'a cessé de tonner. J'ai fait deux rondes au grenier pour m'assurer que tout était en ordre. La canonnade se ralentit un peu dans la matinée.

Quelques gros négociants ont eu l'idée d'envoyer à Paris une députation chargée de faire connaître là-bas l'état réel des choses. Il fallait avant tout une autorisation de sortir; on la fit demander au général de Werder qui la refusa, prétendant ironiquement que cette démarche était inutile, vu qu'il comptait être bientôt maître de Strasbourg (1).

Nous n'avons plus d'espoir que dans une action diplomatique ou dans une déclaration de guerre de l'Autriche à la Prusse.

Il paraît que le gouvernement républicain a des craintes pour Paris, car nous apprenons que Jules Favre et Gambetta sont installés à Tours. Thiers est allé à Londres pour essayer d'obtenir une intervention pacifique en faveur de la France. C'est un bien

(1) Après avoir exprimé ses regrets au sujet de ce refus, le général ajoutait : « Malgré mon vif désir de préserver la ville de Strasbourg, qui tient de si près à l'Allemagne, de désastres ultérieurs, je regrette aussi que la prise aujourd'hui plus prochaine de la forteresse et de la ville, doive amener de nouveaux et de plus grands malheurs. »

habile homme d'État, mais la tâche est si difficile que je crains un échec.

Au dire des journaux, l'appel fait à Paris pour la formation de la garde nationale, n'a pas produit le résultat espéré; l'enthousiasme de jadis, celui qui créait des armées de volontaires, ne s'est pas réveillé. Les abstentions se comptent, paraît-il, par milliers. Il n'y a pas d'illusions à se faire; le gouvernement impérial a grandement démoralisé la nation par l'exemple d'un luxe effréné, par l'agiotage, par le gaspillage des deniers publics. La grande et noble idée de Patrie, ne rayonne plus comme autrefois; elle ne provoque plus chez les citoyens ce dévouement qui va jusqu'au sacrifice. Il faudra bien des années à un gouvernement honnête pour refaire l'éducation patriotique de la nation, pour ressusciter les vertus civiques qui seules rendent un peuple grand et fort.

A Strasbourg, les abstentions pour le service de la garde nationale sont également fréquentes; mon veilleur qui est sergent au 4e bataillon, me disait l'autre jour que des cent vingt-six hommes de sa compagnie, vingt seulement s'étaient présentés à l'appel. Mais il faut bien se dire, qu'ici chacun a fort à faire pour défendre sa maison ou son logement contre le fer et le feu et que l'on ne se décide pas volontiers à quitter son domicile dans de

AUBERGE SCHMUTZ (PONT DU PETIT RHIN)

pareilles circonstances pour monter une garde de vingt-quatre heures, souvent fort inutile.

Un convoi de plus de cinq cents émigrés a quitté la ville aujourd'hui.

Dimanche, 18.

Voici la sixième semaine du siège qui commence. Nous amènera-t-elle enfin une solution? Le bruit courait hier qu'une suspension d'armes venait d'être signée et que les hostilités seraient arrêtées à partir de dix heures du soir. Mensonges, tout cela! Le feu n'a pas discontinué de toute la nuit.

Le recteur m'a fait dire par mon collègue, M. Engel, de préparer les états d'appointements du service de la bibliothèque académique pour le dernier mois, sans attendre que le mois soit écoulé. La précaution est bonne, car d'ici à peu de temps, un dénouement trop prévu, hêlas, pourrait nous en priver totalement. Je termine mon travail dans la matinée et après mon dîner, je porte ces états à l'appariteur Schnitzler chargé d'en soigner l'expédition.

Ceci fait, je parcours les rues du Vieux-Marché-aux-Poissons, de l'Ancienne-Douane, des Bouchers, qui toutes ont été ménagées par les bombes. Arrivé devant l'hôpital civil, je me décide à y pénétrer.

A l'entrée stationnait une compagnie de sapeurs-pompiers en tenue de travail; ces braves citoyens étaient venus rendre les der-

niers devoirs à deux de leurs camarades tués en faisant leur périlleux service. Dans la cour se traînent à l'aide de béquilles des blessés convalescents; d'autres, maigres et livides stationnent le long des murs, essayant de se réchauffer aux pâles rayons d'un soleil d'automne. C'est un triste et navrant tableau, mais autrement terrible est celui qu'offre la chambre des morts. Là gisent une vingtaine de cadavres nus, étalant leurs blessures béantes ; l'un est sans tête, d'autres ont le crâne enfoncé, des jambes ou des bras arrachés ; il y en a dont le ventre est déchiré par les éclats de bombes. C'est épouvantable, aussi je me hâte de sortir de cette chambre hideuse, me promettant bien de cacher aux miens l'impression que cette visite m'a fait ressentir.

En passant par le Finckwiller, je vais serrer la main au cousin Mollard ; il venait de recevoir une lettre de sa famille de Horbourg, dans laquelle entre autres choses, on lui faisait savoir que le Haut-Rhin était encore libre de troupes ennemies.

On s'entretient beaucoup de l'établissement de la république rouge dans le Midi ; le fanatisme d'autrefois renaît dans ces têtes chaudes. Cela serait inquiétant, car les discordes politiques ou religieuses paralyseraient l'énergie de la nation, au moment où elle a tant besoin de rester unie.

La soirée est assez calme, mais avec la nuit le bombardement reprend avec vigueur. Un gros éclat de bombe, traverse la toiture de ma maison sans faire d'autres dégâts. A neuf heures, les bombes sillonnent les airs du côté du front d'attaque. Quant aux faubourgs, l'incendie y est en permanence.

Un autre sinistre qui me fait l'effet d'être considérable, éclaire dans la direction de l'est, les cheminées des maisons élevées, ainsi que la cathédrale. C'est dans les environs de la citadelle qu'il a dû éclater.

Lundi, 19.

Le bombardement a duré toute la nuit. La lueur que j'avais remarquée hier au soir, provenait de l'incendie des magasins de bois de l'arsenal ; je comprends maintenant l'intensité d'un feu alimenté par une telle quantité de matériaux.

Mon veilleur sergent m'apprend aussi que dans la journée d'hier, les Français ont brûlé du haut des remparts, les maisons sises sur la route de Colmar, derrière lesquelles les Prussiens avaient tenté d'élever des batteries.

Jeudi dernier, Catherine, la servante de notre locataire, Mme Debourgues (1), est rentrée chez elle à Furdenheim, avec un sauf-conduit envoyé par ses parents ; nous l'avions priée de passer par Dorlisheim pour donner de nos nouvelles à notre frère Victor. La réponse ne s'est pas fait attendre. Par l'entremise d'un cocher (2), une lettre nous est arrivée aujourd'hui, par laquelle ce bon frère nous invite à venir chercher refuge chez lui ; il nous offre l'hospitalité à tous. Mais, pouvons-nous quitter Strasbourg ? Ne sommes-nous pas enfermés ici comme l'oiseau en cage ? Il nous informe, il est vrai, qu'il va faire son possible pour nous procurer des sauf-conduits. Réussira-t-il ? Enfin, nous verrons (3).

(1) M. Debourgues, capitaine au 20e régiment d'artillerie, prit part avec sa batterie à la bataille de Froeschwiller. Quand les débris de l'aile droite rentrèrent à Strasbourg, je pris des informations auprès de plusieurs artilleurs du 20e, dans l'espoir d'apprendre de ses nouvelles ; aucun ne put me renseigner. Ce n'est que plus tard que j'appris qu'il était sorti sain et sauf de cette lutte meurtrière et qu'il avait pu sauver sa batterie. Il fut fait prisonnier à Sedan et interné à Stettin.

(2) Les cochers qui conduisaient les personnes qui, à leurs risques et périls, se décidaient à quitter la ville, se chargeaient volontiers de lettres. Comme il leur était interdit de dépasser les lignes ennemies, ils faisaient parvenir ces lettres aux bureaux de poste, soit par l'entremise d'un confrère venu de l'intérieur, soit par celle d'un passant dont la figure leur inspirait confiance.

(3) Mon oncle Victor se rendit effectivement à l'état-major général allemand et réussit à obtenir les sauf-conduits qu'il sollicitait. Qu'il me soit permis de relater à ce sujet, un petit incident tout personnel qui caractérise assez bien les sentiments qui animaient certains de ces messieurs de l'état-major prussien. Quand l'officier chargé de ce service demanda la liste des noms à inscrire sur les précieux papiers, mon oncle lui dicta ceux des différents membres de la famille. Arrivé au mien, l'officier l'écrivit tout d'abord fort tranquillement, puis tout à coup, se ravisant, le biffa d'un trait de plume en disant : « Non, pas Touchemolin, ce nom est trop français. »

Ces sauf-conduits ne parvinrent pas à destination. Il en fut de même pour plusieurs autres familles. Les sauf-conduits envoyés par l'état-major allemand au maire de Strasbourg, étaient remis par les agents de la mairie à l'adresse indiquée. Il est fort probable que quelques-uns de ces derniers, au lieu de les délivrer à qui de droit, les vendaient à bon prix à des trembleurs qui ne reculaient devant aucun sacrifice pour se mettre en lieu sûr. J'ai entendu vers la fin du siège, dans le bureau du consul des Etats-Unis, un vieil israélite supplier cet agent de le faire sortir de la ville, lui offrant une somme fort élevée en échange de ce service. Il se heurta à un refus ; il était trop tard à ce moment.

En ce qui regarde la cathédrale, j'ai constaté qu'à dix heures du matin, un obus a abattu le pinacle qui surmonte la statue d'évêque placée à l'angle de la façade occidentale; peu après, un autre projectile a pénétré dans l'ouverture ménagée entre les huit tourelles et a fait tomber des pierres. Enfin, à cinq heures du soir, un obus brise quelques-uns des ornements gothiques au-dessus de la grande cloche.

A neuf heures, au moment de ma ronde, le ciel est fortement coloré par des lueurs d'incendie, dans la direction des faubourgs.

Sentinelles prussiennes.
dessinées à travers la longuevue.

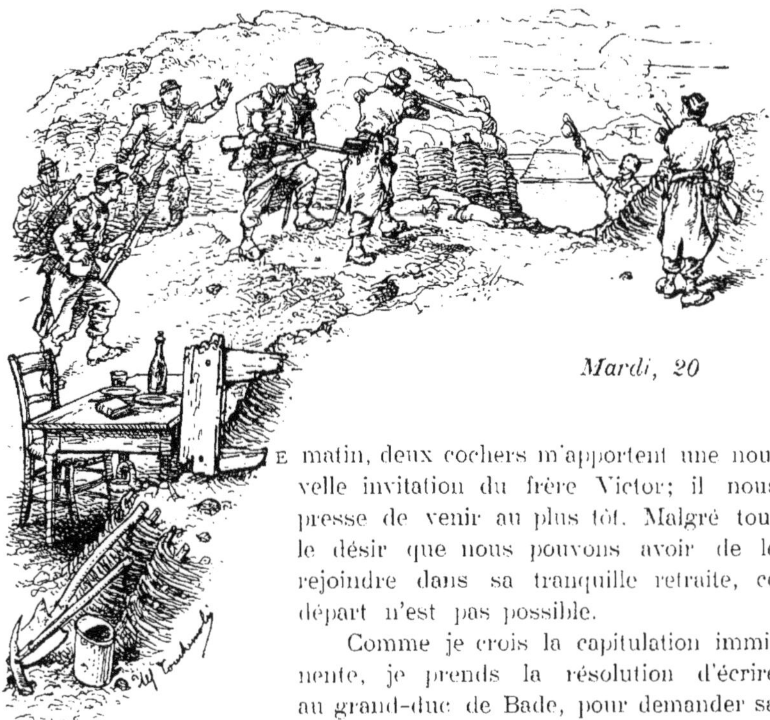

Mardi, 20

Le matin, deux cochers m'apportent une nouvelle invitation du frère Victor; il nous presse de venir au plus tôt. Malgré tout le désir que nous pouvons avoir de le rejoindre dans sa tranquille retraite, ce départ n'est pas possible.

Comme je crois la capitulation imminente, je prends la résolution d'écrire au grand-duc de Bade, pour demander sa protection pour le moment fatal de l'entrée des Prussiens. C'est le souvenir du bon accueil fait par ce souverain à mon livre *Strasbourg illustré,* qui me décide à m'adresser à lui; mais pourra-t-il s'en rappeler? Je le prie en outre d'employer son influence pour faire cesser les mutilations barbares que le canon ennemi fait subir à notre vénérable cathédrale. Le cocher qui nous a apporté la lettre de Victor se charge de remettre celle-ci au quartier-général à Mundolsheim, car il doit sortir demain avec une colonne d'émigrants.

Vers cinq heures, la préfecture prend feu; cette importante construction avait pu être préservée jusqu'à présent, malgré les nombreux projectiles qui la frappaient continuellement et qui plusieurs fois, allumèrent des incendies bien vite maîtrisés. Il en fut autrement cette fois. En peu de temps, le bâtiment principal, celui qui fait face à la porte des Juifs, fut envahi par les flammes. Bientôt les hautes toitures s'effondrèrent avec fracas, et de ce beau palais, il ne reste plus ce soir que les quatre murs. Les bâti-

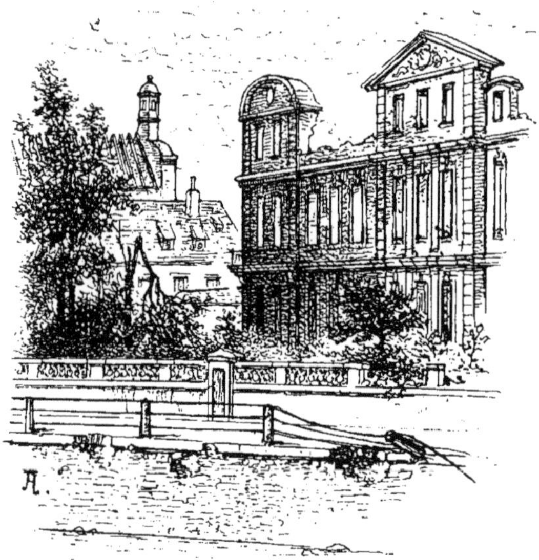

ments latéraux qui contiennent les bureaux, quoique troués par les obus, ont été épargnés par le feu.

Par une singulière coïncidence, Valentin, l'ancien représentant du peuple en 1848, nommé préfet du Bas Rhin par le gouvernement républicain, avait réussi peu d'heures avant ce sinistre à pénétrer en ville sans crainte des obstacles (1). On raconte qu'au moment où il

(1) Valentin, le préfet envoyé par Gambetta, arriva en Alsace muni d'un passeport américain. Sous les dehors d'un touriste, il s'approcha de Strasbourg, rôda autour des lignes allemandes, épiant patiemment l'occasion de pénétrer dans la forteresse.

Arrêté une première fois le 9 septembre, et transféré à Benfeld, il fut interrogé gravissait un des ouvrages extérieurs après avoir traversé à la nage la zone inondée, il avait failli être tué par les soldats français qui le prenaient pour un ennemi.

Malgré son courage et son énergie, il ne pourra rien contre l'inévitable.

Mercredi, 21.

Un coup terrible m'a fait sauter hors de mon lit; il pouvait être une heure du matin. Je monte bien vite au grenier. Cette détonation provenait d'une bombe qui a éclaté directement au-dessus de ma maison et dont les éclats ont troué la toiture.

Du côté nord, on entend une fusillade incessante; on doit se battre ferme dans les ouvrages extérieurs du front d'attaque.

Au petit jour se lève un brouillard qui ne se dissipe que vers neuf heures.

---

par un officier de hulans qui, trompé par son passe-port, donna ordre de le relâcher, tout en lui interdisant le séjour de l'Alsace. Il franchit alors le Rhin et fut arrêté de nouveau à Marlen, sur la dénonciation de l'hôtelier qui l'avait hébergé. Il est conduit cette fois sous bonne escorte à Kehl, et mené à l'état-major de la place, installé à l'hôtel de la Poste. Grâce à ses papiers, il est remis en liberté, mais avec injonction d'avoir à s'éloigner au plus vite du cercle des opérations de l'armée assiégeante.

Valentin retourne en Alsace, atteint Wissembourg le 15, et réussit au prix de mille dangers, à rentrer dans les lignes ennemies. Pendant deux jours, du 17 au 19, il se cache à Schiltigheim, dans la chambre d'un patriote éprouvé, M. F....., à l'estaminet Muller, où le général de Werder vient quelquefois prendre ses repas; il est là tout près des tranchées et peut observer les allées et venues. Profitant enfin d'un moment qu'il juge favorable, il s'élance et franchit le parapet de la première parallèle.

Mais il a été vu; de tous côtés éclatent des coups de fusil. Valentin, après une course désespérée, se jette dans un champ et là, étendu dans un sillon, laisse passer l'orage. Ce n'est qu'au bout de deux mortelles heures, qu'il se remet en route et qu'il arrive en se cachant dans les herbes, en se glissant le long des haies, jusqu'au bord de la contrescarpe.

Il se jette résolument à la nage, gagne la rive opposée et prend pied au bas d'un ouvrage avancé, la lunette 56, en criant : France ! France ! Mais le bruit du canon couvre sa voix ; les soldats qui occupent l'ouvrage n'ont rien entendu et couchent en joue l'héroïque délégué de la République. L'intervention d'un officier le sauva.

Le soir du même jour, Valentin se présentait devant le général Uhrich et se faisait reconnaître comme préfet du Bas Rhin.

Les décombres provenant des maisons incendiées ou écroulées, sont tous transportés sur la place d'Austerlitz, où leur amoncellement ne tarde pas à former une véritable colline que l'on a baptisée du nom de *Mont-prussien*. J'ai eu ce matin la curiosité d'aller voir cette montagne d'un genre si nouveau et bien m'en a pris, car je suis arrivé sur la place peu d'instants avant le départ d'un convoi d'émigrants.

Des voitures de remise, des citadines, des véhicules de toutes sortes attelés d'un ou de deux chevaux, forment une double file partant, l'une de l'*Hôtel-du-Rhin*, l'autre du pont de la Madeleine, pour aboutir à la porte d'Austerlitz. Ces voitures sont pour la plupart chargées de femmes, d'enfants, de vieillards, mais on y voit aussi des hommes jeunes et valides qui ont la lâcheté de quitter la ville. Il est vrai qu'au nombre de ces derniers, il y a plusieurs étrangers, ainsi que quelques fonctionnaires avides d'échapper aux périls et aux privations; triste engeance qui ne demeurait à Strasbourg que pour nous exploiter.

Le feu a été suspendu pendant la sortie du convoi. De bien navrants adieux ont été échangés à ce moment, car pour quelques-uns qui s'en vont joyeusement, combien partent le cœur bien gros, en pensant à ceux qu'ils laissent derrière eux.

Schnitzler est venu me voir pour toucher ses appointements du demi-mois, mais quoique les états soient faits depuis trois jours, je n'ai pas encore reçu l'argent. Je sais pourtant qu'un employé de l'Académie a touché les appointements, non seulement du demi-mois, comme nous devons les recevoir, mais bien du mois tout entier. Pourquoi cette faveur?

Par suite de l'arrivée du nouveau préfet, le général Uhrich a rapporté la nomination de Bœrsch.

La commission municipale vient de conférer au général (1), le titre

(1) Voici ce document :

BREVET DE CITOYEN DE STRASBOURG

délivré au général Uhrich

La Commission municipale de la ville de Strasbourg, voulant rendre un éclatant hommage au général de division

Jean-Jacques-Alexis Uhrich,

commandant la 6e division militaire, et commandant supérieur de cette place, grand de citoyen de la ville de Strasbourg, en reconnaissance de l'énergie déployée dans la défense de la place par ce vaillant soldat. Ceci est pour moi une preuve nouvelle de l'approche du dénouement.

Le père Specht, un de mes voisins de jardin, est venu ce soir me faire part de la mort de son fils, tué par un éclat de bombe. Quel coup douloureux pour ce brave homme! Il a déjà perdu, par suite du siège, son établissement qui a été dévasté et brûlé. C'est à force de travail et d'économie qu'il avait pu l'acquérir et lui donner du développement; le voici ruiné à présent. Son second fils est sous les drapeaux.

Le cocher que j'avais chargé hier de remettre ma lettre au grand-duc de Bade, est venu me la rapporter, disant qu'on n'avait pas permis aux voitures de franchir la ligne des avant-postes. C'est là qu'on dut attendre pendant près de trois heures, l'arrivée des voitures réquisitionnées dans lesquelles les émigrants prirent place pour continuer leur voyage.

Campagne Muhl (petite route de Schiltigheim.)

officier de la Légion d'honneur pour sa glorieuse et héroïque défense de Strasbourg.

Voulant également reconnaître la sollicitude et la bienveillance qu'il a témoignées aux habitants de la ville et à ses représentants pendant la calamiteuse période d'un siège à jamais mémorable, déclare que le Général Uhrich a bien mérité de la ville de Strasbourg et lui confère le titre de citoyen de cette ville.

Fait à Strasbourg, le 18 septembre 1870.

Le Secrétaire de la Commission : HUCK.

Le Président : KUSS.

Porte de Pierres intérieure.

Jeudi, 22.

La nuit qui a commencé par être relativement calme, est devenue terriblement mouvementée. La canonnade tonne plus furieusement que jamais. Vers minuit, je monte au grenier. De tous côtés brillent les éclairs des coups de canon; les bombes, pareilles au bouquet d'un feu d'artifice, sillonnent les airs. Le sol, les maisons tremblent sous le choc de ces détonations qui se succèdent sans relâche. Devant ce spectacle affreux et grandiose tout à la fois, je me demande si les hommes sont devenus fous furieux ou s'ils ont été changés en démons pour vouloir se faire réciproquement tant de mal.

A quoi donc ont servi les principes du christianisme enseignés depuis tant de siècles? Les prêtres des différents cultes devraient pour rester fidèles à leur mission évangélique, maudire les drapeaux des armées au lieu de les bénir.

Appuyé à une lucarne du grenier, j'observais cette lutte effrayante.

Klotz, l'un de mes veilleurs, était à côté de moi; je remarque tout à coup une bombe qui vient droit sur nous. Je vois le moment où elle va nous broyer, quand brusquement elle s'affaisse et tombe sur la place du Temple-Neuf où elle éclate. D'autres de ces projectiles passent au-dessus de la maison avec leur lugubre mugissement. Cette bataille d'artillerie dura toute la nuit et continua dans la journée.

D'une canonnade aux détails de ménage, la transition est difficile, je n'essaierai donc pas d'en faire et j'aborde mon sujet. Comme je crois l'avoir dit plus haut, depuis que nous avons épuisé les légumes du jardin, nos dîners se composent invariablement, soit de riz, soit de macaronis ou de pois secs qu'accompagne de la viande de cheval ou quelquefois une tranche de jambon. Le soir, une épaisse soupe à la farine fait les frais du repas. De notre basse-cour du jardin, il nous reste quatre canards, dont deux ont figuré aujourd'hui sur notre table. Par le temps qui court, ce rôti aurait dû nous constituer un dîner somptueux, mais les pauvres bêtes étaient si maigres qu'elles suffirent à peine à nous rassasier. Et encore bien strictement.

Pour la première fois depuis quelques semaines, ma femme a pu prendre ses repas avec nous. Une bronchite opiniâtre l'avait longtemps retenue au lit. Elle s'est sentie assez remise aujourd'hui pour pouvoir se lever et dîner avec nous. Cette convalescence nous réjouit le cœur; la joie est devenue si rare.

Rien de nouveau en politique. Cette incertitude jointe à l'incessant bruit du canon, commence à nous énerver tous. Quand donc cela finira-t-il ?

Vendredi, 23.

J'ai dormi comme une marmotte jusqu'à six heures. Je vais dès le matin chez l'ami Zopf, adjoint au maire depuis la formation de la nouvelle commission municipale, espérant faire arriver par son entremise, ma lettre au grand-duc. Zopf est un homme de cœur et d'énergie, passionné pour le bien de l'humanité. Chargé de l'organisation des départs d'émigrants, il a su rendre dans ces fonctions bien des services à nombre de familles. Par son caractère conciliant, il s'est attiré le respect et l'estime des autorités

militaires françaises et prussiennes, avec lesquelles il est en contact continuel.

C'est à l'*Hôtel du Commerce* transformé en mairie que je l'ai trouvé installé dans la salle de greffe du Tribunal, devenue son bureau. Il m'apprit qu'aucun sauf-conduit n'était arrivé pour ma famille ; il ajouta que si même on en envoyait, il serait dangereux d'en profiter, le général de Werder se refusant catégoriquement à suspendre le feu pendant la sortie de ceux qui voudraient les utiliser. Quel contraste entre cette dureté prussienne et le caractère chevaleresque français.

Quant à ma lettre, M. Zopf l'apostilla, la marqua du timbre de la mairie et l'envoya au colonel Ducasse avec prière de la faire parvenir par le premier parlementaire sortant.

En redescendant, je m'arrête un instant dans la cour de l'Hôtel toute remplie de gardes nationaux de service, de sergents de ville, d'émigrants venus pour s'informer des jours et heures de départ, de personnes de toutes classes ayant à faire des déclarations à l'état civil. Quel mouvement! Quelle animation! La salle servant aux réunions de la Bourse est convertie en corps de garde; elle est bondée de soldats citoyens.

Je me rends de là chez mes enfants en faisant un détour pour passer par les faubourgs National et de Saverne, que je n'ai pas revus depuis l'arrivée des Suisses.

Les ruines se sont accumulées, des rues entières ont disparu.

La tour de la porte Nationale, ce beau monument d'architecture militaire est éventrée par les boulets. Le quartier Kageneck est haché. Près de l'Armensunderhaus (1), je remarque un gros tas de ferrailles, éclats d'obus et de bombes, fragments de ferrures que des gamins du quartier ont ramassés dans les décombres. Un juif est en train d'acheter tous ces débris au poids.

La porte de Saverne est dans le même état que sa sœur contemporaine, la porte Nationale. Le bâtiment principal de la gare, côté de l'arrivée, achève de se consumer; c'est de là que venait la lueur observée la nuit dernière, du haut de mon grenier.

Porte de Saverne.

(1) Nom donné à une vieille maison à laquelle se rattache un curieux souvenir des temps passés. Jusqu'à l'époque de la Révolution, tout condamné à mort passant devant cette maison pour arriver à l'emplacement affecté aux exécutions, avait droit à une collation qui lui était servie aux frais de la ville dans la salle basse de ce bâtiment.

Mes enfants sont en bonne santé. Nous discutons la question du retour à la maison. Quoique mon fils vienne nous voir fréquemment et que de mon côté, j'aille régulièrement prendre de leurs nouvelles, nous aimerions mieux être réunis sous le même toit, surtout au cruel moment de la chute prochaine de la ville, soit par assaut, soit par capitulation. Aussi la rentrée est bien vite décidée pour le lendemain.

Tout en revenant, je passe à l'estaminet Piton transformé en restaurant populaire, espérant y trouver comme complément à nos maigres repas, un morceau de fromage dont je suis privé depuis longtemps. Mais rien! la provision est totalement épuisée.

Au coin des Grandes-Arcades stationne aussi un juif qui achète le vieux fer; c'est décidément leur jour. Il a réuni un lot fort respectable dans lequel je remarque mêlés aux éclats de bombe, des morceaux de roue d'engrenage, de rails de chemins de fer, des fragments d'une croix, une tête d'ange provenant d'un cimetière, toutes ferrailles dont les Prussiens nous ont gratifiés en sus de leurs obus qui pourtant suffisaient amplement.

Un nouveau journal, le *Républicain de l'Est* a paru aujourd'hui sous la direction de M. Léon Boyer; il remplace l'*Impartial du Rhin.* Si ce journal reste fidèle aux principes énoncés dans son premier numéro, il nous ramènera des mœurs politiques plus sérieuses et plus honnêtes. L'*Impartial du Rhin* était l'organe du parti clérical et officiel.

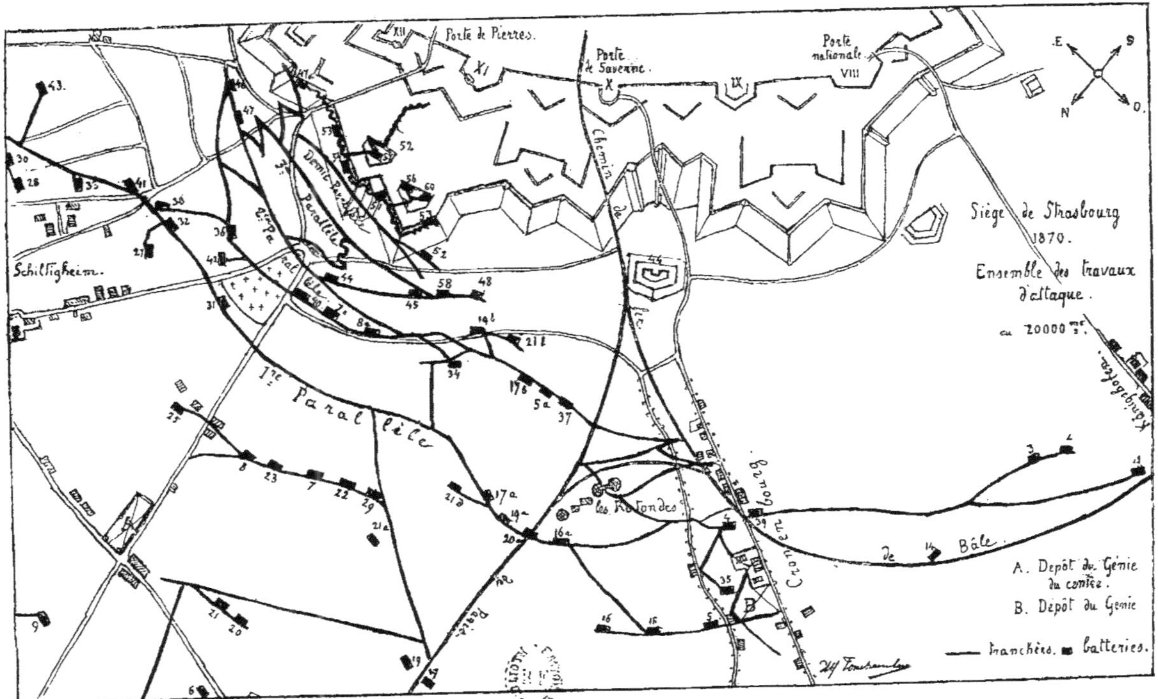

PLAN DES TRAVAUX D'ATTAQUE

Samedi, 21.

Un violent incendie a éclaté hier soir vers minuit dans le faubourg de Pierres. A en juger d'après la direction, j'ai craint un moment que cela ne fût dans la maison de mon beau-frère Théodore. Aussi, dès sept heures, je cours le trouver place Kléber dans l'appartement où il s'est réfugié avec sa famille; il m'apprend que sa maison est indemne, que c'est celle de son voisin Friedel qui a été incendiée.

J'ai rencontré chez lui son fils Victor, brigadier dans l'artillerie de la garde mobile (1), lequel sert dans une des batteries du front d'attaque. Il nous raconte que par suite des progrès incessants de l'ennemi, les ouvrages extérieurs entre la porte de Saverne et la porte de Pierres, ont dû être abandonnés; les canons ont été encloués faute de pouvoir les ramener à cause de l'inondation des fossés, les poudres et projectiles ont été noyés. La violence et la précision du feu de l'ennemi avaient empêché toute prolongation de la défense de ces ouvrages (2).

---

(1) Aujourd'hui négociant à Paris.

(2) L'armée allemande fit preuve, pendant le siège de Strasbourg, de remarquables qualités militaires. Les travaux exécutés devant cette forteresse par ses

Tout cela me prouve que notre pauvre ville ne tiendra plus longtemps.

A trois heures, mes enfants reviennent auprès de nous. Ce

pionniers et ses artilleurs, témoignent à la fois de la science des officiers et de la discipline et de l'endurance des soldats. Cette armée disposait en outre d'un matériel d'artillerie d'une puissance et d'une précision inconnues jusqu'alors.

Le général de Werder commandait en chef, secondé par le général d'artillerie de Becker et le général du génie de Mertens. L'armée qu'il avait sous ses ordres se montait à 60.000 hommes et comprenait : la division badoise, la 1re division de réserve, la division de la landwehr de la garde, un corps d'artillerie de siège composé de trente-trois compagnies prussiennes, wurtembourgeoises, bavaroises et badoises; un corps de pionniers fort de quatorze compagnies.

C'est le 8 août au soir que se présentèrent les premières troupes allemandes. Une brigade de dragons badois poussa jusqu'à Schiltigheim, à deux kilomètres de Strasbourg, et détacha un officier qui vint sommer la ville de se rendre. Cette cavalerie s'éloigna le même soir. Le 12, apparut la division badoise commandée par le général de Beyer; le 17, l'armée de siège était à peu près réunie et l'investissement de la forteresse devenait complet.

Dès le 13, des batteries volantes jettent des obus en ville; plusieurs tentatives sont faites pour enlever la place, soit par surprise, soit par un coup de force. Elles sont chaque fois repoussées.

L'état-major allemand recourut alors aux grands moyens. C'est par un bombardement à outrance qu'il essaie d'arracher une capitulation imposée au général français par une population terrifiée et affolée. Dix-huit batteries armées d'une centaine de canons lancent pendant les nuits des 24, 25 et 26 août une pluie d'obus sur la ville. Malgré sa violence, ce bombardement n'amène pas le résultat espéré.

Il faut donc recourir aux travaux de siège réguliers.

Dans la nuit du 27 au 28 août, les avant-postes sont poussés jusqu'à 450 pas de la ville et couverts par des abris creusés en toute hâte par les hommes; c'est derrière ce rideau que l'on commence les premiers travaux d'approche.

Dans la nuit du 29 au 30, l'ennemi ouvre la première parallèle à 500 mètres des ouvrages extérieurs et élève dix batteries armées de 46 pièces de 12, qui commencent leur feu dès le matin.

La deuxième parallèle est creusée dans la nuit du 1er au 2 septembre. Au petit jour, les Français canonnent énergiquement ces nouveaux travaux et dirigent en même temps une importante sortie sur Cronenbourg, dans le but d'enclouer le

retour qui nous remplit de joie me rappelle ces vers de Schiller : « *Er zæhlt die Haüpter seiner Lieben und sieht ihm fehlt kein*

---

pièces ennemies. Le f u de la place est, de l'aveu d'un officier prussien si violent, qu'il fait un moment reculer les pionniers allemands ; le lieutenant-colonel de Gayl et le capitaine Herzberg, du corps des ingénieurs, sont tués en ramenant les fuyards. Après une lutte d'artillerie qui dure une heure et demie, les batteries françaises sont réduites au silence.

Le 3, l'artillerie de siège reçoit des pièces d'un calibre nouveau, douze canons de 24 court et deux mortiers de 21 courts, dont le projectile pèse 80 kilos. Ces canons sont destinés à mettre en pratique une opération militaire que l'artillerie prussienne étudie depuis quelques années, celle du tir en brèche indirect.

Pour la première fois, des assiégés voient s'écrouler leurs murailles sous les coups d'une artillerie placée à 1.000 mètres d'un but qu'elle ne peut apercevoir.

Dans la nuit du 3 au 4, l'ennemi construit sept nouvelles batteries de canons et trois de mortiers.

Le 8, l'importante lunette 44, battue par quatre pièces de 24 court et par les deux mortiers rayés des batteries n°s 5 et 35, dut être évacuée ; son réduit n'était plus qu'un monceau de ruines.

Dans la nuit du 9, l'ennemi entame les travaux de la troisième parallèle qui doit le mener au pied des lunettes 53 et 52, lesquelles défendent de ce côté l'accès du mur d'enceinte.

Le 14, une batterie de quatre pièces de 24 court commence à battre en brèche la face droite de la lunette 53 ; en même temps l'intérieur de l'ouvrage est criblé de bombes et d'obus. Au bout de quelques heures, les canons sont démontés ; les abris bouleversés n'offrent plus aucun refuge aux défenseurs. Les braves petits artilleurs et fantassins de la mobile sont fauchés par ce feu terrible. Il est de toute impossibilité de se maintenir plus longtemps dans l'ouvrage. Le général Uhrich donne ordre de l'évacuer.

Dans la nuit du 18 au 19, les pionniers badois commencent sous le feu de la lunette 52, la construction d'une digue de fascines qui doit traverser le fossé rempli d'une eau profonde. Cette digue est achevée le matin. Les pionniers occupent l'ouvrage et travaillent aussitôt à en retourner les défenses, malgré un feu violent de chassepots et de mortiers. Une compagnie du 34e d'infanterie leur est envoyée comme soutien.

La nuit suivante, l'ennemi prépare un pont de conversion destiné à franchir le fossé de la lunette 52. De grands tonneaux de brasserie accouplés par de fortes traverses de bois, ont été réunis à cet effet. Ce pont, long de 60 mètres, est achevé en deux heures et demie. L'infanterie le traverse aussitôt. Mais au bruit produit par le passage de la troupe, les batteries de la place s'allument ; de tous côtés éclatent les coups de canon ; les bombes, les obus pleuvent sur les assaillants. Une compagnie de landwehr vient renforcer la colonne engagée. Mais peu à peu, sous l'action meurtrière du tir convergent de toutes les batteries prussiennes, le feu de la place se ralentit ; bientôt il cesse complètement. Il ne reste plus sur les remparts un canon qui ne soit démonté, un homme qui ne soit frappé.

theures Haupt. » Quant à l'installation, on fera pour le mieux; l'essentiel est d'être de nouveau réunis.

Malgré l'assurance donnée par le général de Werder de faire

La lunette 52 resta au pouvoir de l'ennemi qui s'y retrancha solidement. La prise de ces deux ouvrages coûta aux Allemands trois officiers tués, parmi lesquels le major de Quitzow et le capitaine Kirchgaessner, ingénieurs, vingt soldats tués et soixante quinze blessés.

Les travaux ennemis marchent maintenant à pas de géants. C'est par le feu des mortiers des bastions VIII et IX ainsi que de ceux de l'ouvrage de la Finckmatt, que les assiégés tentent de les arrêter. Mais c'est en vain que les bombes bouleversent les embrasures, endommagent les épaulements des batteries prussiennes n° 1, 14 et 20ª, que dans la batterie 32 (capitaine Winckler), le blindage du magasin à poudre est enfoncé, un sous officier tué et trois canonniers blessés; que dans la batterie 35 (capitaine Meier), le magasin à poudre saute en l'air, déchirant l'artificier qui y travaillait.

Le 23, les batteries nᵒˢ 12 et 58, armées, la première de six pièces de 24 court, la seconde de quatre pièces du même calibre, commencent à battre en brèche la face droite du bastion XI et la face gauche du bastion XII. Le 27, ces brèches étaient praticables; le général prussien donnait ordre de préparer l'assaut pour la nuit du 28, quand l'apparition du drapeau blanc vint mettre fin à cette lutte opiniâtre.

Un assaut préparé par une artillerie aussi formidable que celle de l'armée assiégeante, était impossible à repousser. A un signal donné, deux cents bouches à feu couvraient de milliers de projectiles explosifs et incendiaires les remparts et la ville. Au bout d'une heure d'un feu pareil, Strasbourg n'était plus qu'une mer de flammes et l'armée ennemie mettant à profit le terrible affolement, résultat d'une pareille

BRÈCHE ET PORTE DE PIERRES

dorénavant respecter la cathédrale par ses artilleurs, cet édifice a reçu de nouvelles atteintes dans la journée. A huit heures moins un quart, un obus passe au-dessus de ma maison et va éclater en l'air devant la façade principale, à hauteur de la plateforme. A trois

catastrophe, gravissait les brèches sans coup férir et prenait possession d'une ville qui n'était plus qu'une cité des morts.

Le nombre total des projectiles lancés par les batteries allemandes s'est élevé à 193.840, dont 162.600 employés pendant la période des travaux réguliers d'attaque. Ces derniers se décomposent ainsi :

Canons de 15 cent., longs	33.000 coups	28.000 obus 5.000 schrapnels
» » » courts	3.000 coups, obus longs.	
» de 12 cent.	56.000 coups	45.000 obus 11.000 schrapnels
» de 9 cent.	12.000 coups	8.000 obus 4.000 schrapnels
Mortiers de 21 cent. rayés	600 coups, obus longs.	
» 28 lisses	15.000 coups, bombes.	
» 23 »	20.000 » »	
» 15 »	23.000 » »	

Du côté français on utilisa pour la défense tous les calibres de bouches à feu. Les

heures trente-cinq, un autre de ces projectiles perce la troisième baie ogivale du chœur; à cinq heures vingt, deux coups frappent à quelques minutes d'intervalle la corniche du fronton du transept nord et en détache de gros fragments.

Prise de la lunette 52

remparts furent armés de canons rayés de 4, de 12 et de 24, de canons et obusiers lisses de 8 et de 16, d'obusiers de montagne, de mortiers lisses de 15, 22, 27 et 32 centimètres.

Le dévouement héroïque des artilleurs ne parvint pas à compenser l'infériorité de notre matériel, trop grande pour permettre de résister avec succès aux attaques de l'artillerie allemande. Le défectueux système du réglage de la fusée de nos obus, calculée à éclater à quatre distances seulement (1.600, 1.700, 3,000 et 3.200 m.), rendit les effets de notre tir à peu près nul. Ce fut la cause majeure des faibles dégâts infligés aux batteries ennemies.

Un officier d'artillerie suisse va même jusqu'à assurer dans sa brochure : *Artilleristiche Notizen über die Belagerung von Strassburg* («Zeitschrift fur die schweizerische Artillerie. N° 2 5. 1871 »), écrite d'ailleurs dans un esprit tout allemand, que le matériel de l'ennemi eut plus à souffrir de son propre tir que de celui des batteries françaises.

Le siège de Strasbourg coûta à l'armée allemande 127 tués, 739 blessés, 16 disparus.

Il fait un temps magnifique depuis quelques jours. Qu'il ferait bon de passer ce mois dans nos belles montagnes, au lieu de vivre

Intérieur de la Lunette 53

ainsi sous les bombes et au milieu des ruines. Maudits soient les auteurs de cette guerre !

Bastion XI. La grande brèche

Dimanche, 25.

Ce matin un homme envoyé par M. Hoff, le ferblantier de la place Saint-Thomas, vient nous annoncer la mort de Mme Mathey, la mère de mon gendre. Hier soir son fils était allé la voir et l'avait trouvée en assez bon état de santé, quoique fort impressionnée par les événements; cette visite lui avait causé une joie profonde. Ce matin, on la trouva dans son lit, les mains jointes, dormant son dernier sommeil.

Était-ce le saisissement causé par la visite de son fils, était-ce l'horreur que lui inspirait le bruit incessant de la canonnade qui provoqua cette mort subite? Celui seul qui régit nos destinées le sait.

Toujours est-il que cette bonne mère eut la suprême satisfaction de revoir son fils avant de fermer les yeux pour toujours. Je voudrais être à sa place pour ne pas assister à la triste catastrophe qui nous attend.

Je vais dans la matinée, accompagné de mon fils et de mon gendre, à l'*Hôtel de Commerce*, pour faire à l'état-civil la déclaration du décès de Mme Mathey.

Notre démarche manqua échouer dès le début, car en passant rue du Sanglier, une véritable avalanche de tuiles tomba tout autour de nous, provoquée par une bombe qui venait d'éclater dans le grenier du couvent des Sœurs de la Providence.

Après dîner, je m'installe sur ma terrasse pour jouir un peu du bon soleil dont nous sommes gratifiés et pour humer un air plus pur; cela remplacera une promenade. Par curiosité, je note sur mon carnet les coups de canon qui se succèdent sans interruption.

Dans l'espace d'une demi-heure, j'en marque 287, dont 26 envoient des projectiles dans notre voisinage. Deux coups qui se suivent de près frappent les ruines du Temple-Neuf et démolissent un pan de mur qui s'écroule avec fracas au milieu d'un nuage de poussière.

DÉTAIL DES TRAVAUX D'APPROCHE

Lundi, 26.

Nous avons entendu cette nuit dans la direction de la porte des Juifs, une violente fusillade et canonnade, que répercutait encore la tour de la cathédrale formant écho. La poudre a parlé furieusement, diraient les Arabes. Tout ce bruit cessa vers le matin et le tir reprit ses allures régulières.

J'appris quelques heures plus tard par le fils de Théodore qui était de service cette nuit, que les Prussiens avaient fait une tentative contre la redoute située derrière le jardin Kammerer; ils avaient en outre essayé de se rendre maîtres de la digue de l'Aar, ainsi que du Contades. Ces attaques furent victorieusement repoussées par les chasseurs à pied, les francs-tireurs et la compagnie franche, soutenus par l'artillerie des ouvrages extérieurs. Nous avons eu dix hommes tués; les pertes de l'ennemi sont sensibles, paraît-il.

Ce soir, la cathédrale est splendidement éclairée par les rayons d'un soleil couchant; la fantaisie me prend d'observer en détail, à l'aide de ma longue vue, les dégâts qu'elle a eu à subir. Je compte cinquante-deux coups répartis sur les différentes parties du

LUNETTE 61, DÉFENDUE PAR LES MARINS

côté nord de l'édifice. Combien en compterai-je à la base et aux trois autres côtés, quand j'aurai la possibilité de m'en occuper plus tranquillement.

Mardi, 27.

Ce matin à neuf heures et demie, ont eu lieu les funérailles de Mme Mathey. C'est dans le salon de la défunte que le pasteur Maeder, le vaillant octogénaire, a prononcé l'oraison funèbre. Ce discours tout imprégné de foi et de charité, différait essentiellement de ceux de certains ecclésiastiques orthodoxes guidés par le fanatisme et l'esprit de secte.

Dans les circonstances actuelles on ne fait pas d'invitations, nous n'étions donc que cinq personnes à suivre la dépouille mortelle jusqu'au Jardin botanique transformé en cimetière, Mathey avec son petit garçon Alfred, fils et petit-fils de la défunte, moi et mon fils, et la servante qui malgré toutes les observations faites pour la retenir, persista à nous accompagner.

Le sommet de la flèche
après le coup du jeudi 15 Sept., à midi, 7 minutes.
LA CATHÉDRALE le 27 Sept.
Vue prise de la terrasse de la maison Piton.

L'itinéraire suivi mérite d'être noté. Au lieu de passer par les grandes voies comme le font d'ordinaire les convois funèbres, l'ordonnateur pour se garer de son mieux des projectiles, nous fit prendre le chemin suivant : place Saint-Thomas, rue de l'Ail, petite rue de l'Esprit, pont de l'Esprit, la rue passant derrière Saint-Nicolas, place de l'Hôpital, ruelle derrière les murs, place d'Austerlitz, rue Sainte-Catherine, la Krutenau pour arriver enfin au Jardin botanique.

Ce joli jardin a maintenant un aspect sinistre ; il est devenu une vaste tombe que hérissent des centaines de croix et qui répand au loin une odeur méphitique. Au lieu des conversations joyeuses des étudiants qui venaient là faire leurs études de botanique, on y entend maintenant les coups de pioche des fossoyeurs qu'accompagnent le sifflement des obus, le chant plaintif des débris du plomb qui enveloppe les projectiles, le rauque halètement des bombes.

Après la cérémonie de l'inhumation qui est menée le plus rapidement possible, je vais jusqu'à l'Académie, en compagnie de mon fils, faire une courte visite à ma bibliothèque ; malgré un second obus qui est venu bouleverser quelques rayons de livres, elle n'a pas trop souffert.

Pendant que nous longeons le quai des Bateliers pour rentrer chez nous, un obus tombe et éclate sur la plateforme de la cathédrale.

Quelques instants après, passant au pied de l'édifice, M. Spielmann, le pharmacien de la place, nous apprend que l'envoi de cet engin a été motivé par l'apparition d'un gardien venu pour faire sa ronde, ce qui nous prouve une fois de plus, que l'ennemi surveille constamment la plateforme pour en empêcher l'accès aux observateurs.

Cet obus était le dernier qui devait frapper notre vénérable cathédrale. A cinq heures, j'étais au grenier quand je vois deux pompiers traverser rapidement la plateforme et monter l'escalier de la tourelle nord-est. Arrivés au haut de cette tourelle, ces hommes déploient et fixent un DRAPEAU BLANC.

Tout bouleversé, car je devine la triste signification de cet emblème de paix, je descends à la hâte prévenir les miens et je cours aux informations.

En sortant de la maison, je rencontre M. Traut, le conseiller de préfecture, qui m'annonce les larmes aux yeux, que le général de Werder avait envoyé un parlementaire au général Uhrich pour lui déclarer que deux brèches ouvertes lui permettaient de donner l'assaut, mais qu'avant de lancer ses troupes sur les remparts, il proposait une capitulation honorable avec sauvegarde pour la ville et les habitants. Pour épargner à Strasbourg les horreurs d'une prise d'assaut, la capitulation était acceptée.

C'en est donc fait ! Voici à quoi ont abouti nos misères et nos souffrances. Ni le dévouement des officiers et les courageux efforts des soldats, ni la résignation et l'abnégation des citoyens n'ont pu empêcher ce lamentable dénouement. Rien n'a pu nous sauver ! Que de larmes a fait couler l'apparition de ce drapeau blanc ! La patrie est perdue pour nous.

Le feu a cessé de part et d'autre. Les rues se remplissent de citoyens ; des groupes se forment menaçants. On ne veut pas entendre parler de capitulation. A sept heures retentit le bruit du tambour ; on bat le rappel pour mettre la garde nationale sous les armes.

Mercredi, 28.

A nuit a été passablement agitée. On a entendu quelques coups de feu (1). Il y a ce matin une grande animation dans les rues. Tous ceux qui, pareils aux hiboux ou aux chauves-souris, se sont cachés dans les caves pendant les longues semaines du siège, circulent partout et ce ne sont pas les juges les moins sévères de tout ce qui a été fait pour la défense de la ville. Vous les entendez s'écrier ; « Pourquoi capituler! Des républicains ne se rendent pas! Il fallait faire tuer dix mille hommes sur la brèche, etc. ». C'étaient toujours dix mille hommes ; ces braillards ne défendent pas une brèche à moins (2).

Quant à moi, j'estime que la ville a été courageusement défen-

---

(1) Des gardes nationaux, furieux de la capitulation, essayèrent d'abattre à coups de fusil, le drapeau blanc arboré sur la cathédrale.

(2) Il est certain que rien n'égala la subite ardeur déployée par quelques intransigeants auxquels tout pourtant conseillait une prudente réserve.

Rien ne trouvait grâce aux yeux de ces outranciers.

Ces mêmes hommes, non contents de tout critiquer, sans vouloir tenir compte des difficultés sans nombre qui paralysaient la défense, ne craignirent pas de jeter le blâme et la calomnie sur la conduite d'un vieux et loyal soldat. Leurs insinuations perfides ne trouvèrent aucun écho dans le cœur de la population qui continua à rendre pleine et entière justice au brave général Uhrich, à celui qui pour la défendre, fit son devoir jusqu'au bout.

due et que si elle a dû finalement succomber, c'est faute de secours de la mère-patrie.

J'étais anxieux de voir l'état de nos remparts à la suite de cette lutte de six semaines. Je traverse le Broglie que je ne retrouve pas plus ruiné qu'il ne l'était à ma dernière visite. Au théâtre, quatre des six Muses d'Ohmacht sont restées intactes. Le pont Hu-

mann a été terriblement maltraité par les bombes, ainsi que tout le quai du canal. La façade de l'École d'artillerie, côté du quai, présente une large brèche béante.

Le rempart a totalement changé d'aspect. Toute la partie inférieure est creusée, fouillée, convertie en abris aménagés selon les goûts ou l'industrie des occupants, ou selon les matériaux dont ils disposaient. Certains de ces gourbis pénètrent profondément dans la terre glaise du rempart, d'autres sont blindés et fermés par des troncs d'arbres, des madriers ou des sacs à terre. Les soldats qui les habitent sont tranquillement occupés à leur toilette, au nettoyage de leurs armes ou à la préparation de leur maigre déjeuner.

ASPECT DES REMPARTS. LES ABRIS

Tout autour, sur les rampes, sur la rue militaire, sont étendus des arbres déracinés ou brisés par les obus.

Le parapet du rempart est bouleversé de fond en comble par les projectiles ; des affûts brisés, des pièces de canon hors de service gisent par terre.

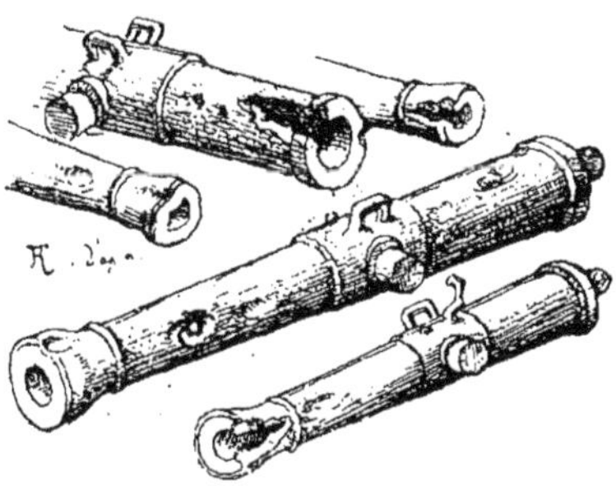

Plus de la moitié de la caserne de la Finckmatt est ruinée et incendiée ; ce qui a échappé aux flammes ne vaut guère mieux ; la charpente de la toiture encore existante, est complètement à jour et ressemble à un immense squelette ; les murs portent des milliers de traces de balles et d'obus.

Aux approches de la porte de Pierres, l'aspect devient navrant ; nulle description ne peut rendre un tableau pareil. Tout le bastion est haché, pulvérisé par les bombes ; le terrain est couvert de pièces d'artillerie de tous calibres, portant les traces des projectiles ennemis, de roues brisées, de débris d'affûts à moitié enfouis dans le sol. Il ne manque à cette scène de dévastation que des cadavres mutilés.

Au pied des remparts, le fossé est inondé, ainsi qu'une partie de la Finckmatt. Les deux ouvrages (1) qui défendent l'accès de la porte, sont totalement bouleversés ; ils sont occupés par des soldats prussiens qui s'entretiennent tranquillement avec nos artilleurs.

Quand on jette ses regards sur la campagne, on demeure saisi de son aspect désolé ; plus d'arbres, plus de jardins, c'est en vain que l'on cherche à reconnaître des chemins si familiers naguère.

La porte de Pierres est tellement déchiquetée qu'elle ressemble maintenant à un de nos donjons ruinés des Vosges ; sa voûte

(1) Les lunettes 52 et 53.

est remplie jusqu'en haut de sacs à terre. Les ponts qui conduisent aux avancées sont détruits ; du bureau de l'octroi, il ne reste que quelques colonnettes. Des ruines partout ! Ah ! l'artillerie allemande a cruellement accompli son œuvre.

C'est au bastion situé à gauche de la porte de Pierres, que se trouve une grande brèche parfaitement praticable ; elle me semble avoir vingt-cinq mètres de largeur. Une seconde brèche que quelques heures de feu auraient achevée, est faite au bastion de droite de la porte.

Le magasin à poudre situé au pied du rempart, a dû être le but constant des artilleurs prussiens, car il est dans un état lamentable ; c'est miracle qu'il n'ait pas sauté. Que d'existences ont été sacrifiées pour assurer sa conservation.

Une partie du faubourg de Pierres est inondée par suite de la pression de l'eau des fossés ; des ponts ont été improvisés pour permettre la circulation.

On voit maintenant scintiller au loin dans la campagne les casques des troupes allemandes qui marchent vers la ville. Je ne veux pas être témoin de leur entrée. C'est un spectacle trop triste, trop humiliant pour un cœur français, quoique français d'une autre époque, d'une époque où la liberté et les droits du citoyen n'étaient pas foulés aux pieds. Nous subissons aujourd'hui les tristes résultats de cette politique. Ce que je craignais depuis longtemps ; ce que j'ai maintes fois prédit, est arrivé.

En rentrant chez moi, je rencontre les chasseurs à pied (1) qui se dirigent vers la porte Nationale, pour déposer leurs armes et se constituer prisonniers. Après eux viennent les soldats de la

(1) Ce départ des chasseurs à pied fut particulièrement émouvant. Que de fois avions-nous entendu retentir les joyeuses fanfares qui marquaient le pas de cette troupe alerte, si populaire chez nous. Cette fois, ces sonneries éclataient stridentes ; elles semblaient nous jeter un dernier adieu. Chers petits soldats ! Les larmes aux yeux, nous leur serrions les mains en criant : « Au revoir ! et Vive la France ! » Ils répondaient par les cris de : « Vive Strasbourg ! » De rage d'être forcés de capituler, ils brisaient leurs chassepots sur le pavé pour ne pas les rendre à l'ennemi.

ligne, les gardes mobiles. Je ne voulus pas en voir davantage. Le cœur me saignait trop (1).

(1) Ce même jour, le général Uhrich fit ses adieux à la population et aux troupes placées sous ses ordres, par la proclamation suivante :

« Habitants de Strasbourg,

« Ayant reconnu aujourd'hui que la défense de Strasbourg n'est plus possible et le conseil de défense ayant unanimement partagé mon avis, j'ai dû recourir à la triste nécessité d'entrer en négociations avec le général commandant l'armée assiégeante.

« Votre mâle attitude pendant ces longs jours de douloureuses épreuves m'a permis de retarder jusqu'à la dernière limite la chute de votre cité. L'honneur civil, l'honneur militaire sont saufs, grâce à vous, merci !

« Merci à vous aussi, préfet du Bas Rhin et magistrats municipaux qui, par votre énergie et par votre union, m'avez prêté un concours si précieux, qui avez su venir en aide à la population malheureuse et maintenir haut son attachement à notre patrie commune,

« Merci à vous, chefs militaires et soldats, à vous surtout, membres de mon conseil de défense, qui avez toujours été si unis de vues, si énergiques, si dévoués à la grande mission que nous avions à accomplir ; qui m'avez soutenu dans les instants d'hésitation que faisait naître la lourde responsabilité qui pesait sur moi et l'aspect des malheurs publics qui m'environnaient.

« Merci à vous, représentants de notre armée de mer, qui avez su faire oublier votre petit nombre par l'énergie de votre action ; merci enfin à vous, enfants de l'Alsace ; à vous, gardes nationaux mobiles, à vous francs-tireurs, à vous aussi, artilleurs de la garde nationale sédentaire, qui avez si noblement payé le tribut de sang à notre grande cause aujourd'hui perdue, et à vous, douaniers, qui avez aussi donné des preuves de courage et de dévouement.

« Je dois les mêmes remerciements à l'intendance, pour le zèle avec lequel elle a su parer aux exigences d'une situation difficile, tant pour le service hospitalier que pour celui des vivres.

« Où trouverai-je des expressions suffisantes pour dire à quel point je suis reconnaissant envers les médecins civils et militaires, qui se sont consacrés aux soins de nos blessés et malades militaires, envers ces nobles jeunes gens de l'école de médecine qui ont accepté avec enthousiasme le poste périlleux des ambulances dans les ouvrages avancés et aux portes.

« Comment remercier les personnes charitables, les maisons religieuses, les établissements publics qui ont ouvert des asiles à nos blessés, qui les ont entourés de soins si touchants et qui en ont arraché beaucoup à la mort.

« Je conserverai jusqu'à mon dernier jour, le souvenir des deux mois qui viennent de s'écouler et le sentiment de gratitude et d'admiration que vous m'avez inspiré ne s'éteindra qu'avec ma vie.

« De votre côté, souvenez vous sans amertume de votre vieux général qui aurait été si heureux de vous épargner les malheurs, les souffrances et les dangers qui vous

Huit heures du soir. On vient de me dire que des troupes prussiennes bivouaquent au Broglie. J'y vais un instant, voulant

m'en assurer par mes propres yeux. La nouvelle était vraie.

Cette grande place fourmillait de soldats aux uniformes sombres, occupés des mille soins de l'installation de leur bivouac.

Des feux sont allumés pour la préparation du souper.

Ce sont des hommes de la landwehr de la garde, tous de haute taille, à l'air mâle et robuste.

Je me reporte involontairement à l'aspect que présentait cette

---

ont frappés, mais qui a dû fermer son cœur à ce sentiment pour ne voir devant lui que le devoir, la patrie en deuil de ses enfants.

« Fermons les yeux si nous le pouvons, sur le triste et douloureux présent, et tournons-les vers l'avenir ; là, nous trouverons le soutien des malheureux, l'espérance. Vive la France à jamais !

« Fait au quartier-général, le 27 septembre 1870.

« Le général de division, commandant supérieur,

« Uhrich. »

même place, il y a deux mois, à l'ouverture de la campagne, quand

vers le soir, les allées se remplissaient de promeneurs, que les terrasses des cafés regorgeaient d'officiers de toutes armes, de tous grades, ardents à la lutte, confiants, trop confiants peut-être, en l'heureuse issue de la guerre.

L'ALSACE RÉUNIE A LA FRANCE (1)

(1) Un modèle en bois et toile peinte du beau monument du sculpteur strasbourgeois Grass, l'*Alsace réunie à la France*, avait été élevé pendant le siège à l'entrée du Broglie, par les soins des membres du cercle *Art et Commerce*, désireux d'affirmer leurs sentiments français. Il fut lacéré à coups de sabre, le jour de l'entrée des troupes allemandes, par les officiers d'une batterie d'artillerie badoise.

Jeudi, 29.

Ces affreuses nuits de veillées et d'angoisses sont passées, Dieu merci ! Il me reste la satisfaction de penser que par une constante surveillance, j'ai puissamment contribué à la conservation de notre maison. Si malheureusement elle était devenue la proie des flammes comme des centaines d'autres, nous étions bien près d'être ruinés, car les loyers qu'elle nous rapporte, constituent la plus forte part de nos modestes revenus.

J'ai employé aujourd'hui mes veilleurs, inutiles maintenant, à vider l'eau des cuves et des tonneaux placés à chaque étage pour combattre plus rapidement le feu ; ils ont en outre déblayé le grenier de tous les débris de tuiles et de briques qui le couvraient. Je leur ai fait remonter de la cave les ballots de linge et de vêtements qu'on y avait jetés en toute hâte au début du bombardement ; il était urgent de les sortir de cette atmosphère humide, car la moisissure commençait à s'y mettre.

Dix hommes de la landwehr de la garde se sont présentés dans la matinée avec des billets de logement. J'ai mis deux grandes chambres d'un appartement vide au 3me étage à leur disposition ; des matelas jetés par terre, une table et quelques chaises forment l'ameublement. Toutes les vitres des fenêtres sont brisées, mais ce détail n'a pas l'air de les gêner le moins du monde et ils paraissent satisfaits de leur domicile. Leur présence nous met au moins à l'abri des maraudeurs qui, grâce aux difficultés du moment, sûrs de l'impunité, s'introduisent dans les maisons mal gardées et s'emparent de ce qui leur tombe sous la main.

Après toutes ces fatigues morales et physiques, je ressens grandement le besoin de me retremper dans la belle nature, ne fût-ce que pour quelques heures. L'adjoint au maire, M. Zopf, avec lequel je viens de m'entretenir un instant, devant ma maison, m'assure que l'on peut sortir librement de la ville et y rentrer, sans empêchement aucun des Prussiens.

Je me décide en conséquence à aller à Dorlisheim pour être le premier à apporter à mon beau-frère Victor, des nouvelles de la famille. Mais comment arriver jusque-là ? Le chemin de fer est coupé. Une citadine se paie de 50 à 100 francs pour une journée. Je m'adresse à un ami possesseur d'un cheval qui pourrait me servir de monture ; la pauvre bête a été mangée. Force m'est donc d'entamer la route avec mes jambes de 70 ans.

Tout en cheminant à travers le faubourg National, je voyais passer se dirigeant vers la porte, des voitures de paysan mises en réquisition, qui transportaient des officiers ou des soldats prussiens, appelés en ville pour leur service. Si je pouvais profiter d'une de ces voitures, ce serait m'épargner de la fatigue et gagner du temps.

J'accoste un char-à-bancs sur lequel avaient pris place un officier et deux soldats. L'officier me fait savoir qu'il retourne à Duppigheim et ajoute que si une place dans son véhicule pouvait me rendre service en me rapprochant du but de mon voyage, il se ferait plaisir de me l'offrir. C'était me faire gagner la moitié de la distance. J'accepte donc et me voici en route, voituré par nos ennemis, les landwehrs prussiens.

Les villages que nous traversons sont bondés de soldats; il faut faire halte, il y a des formalités à remplir, auxquelles j'échappe grâce à l'officier qui occupe notre voiture. C'est vraiment un homme affable et tout en me tenant à son égard sur une stricte réserve, je suis forcé de constater sa parfaite courtoisie. Nous échangeâmes nos cartes et j'appris ainsi son nom et sa qualité. Von Dümmel, capitaine au 2e bataillon du 4e régiment de la landwehr de la garde. Arrivé à Duppigheim, il me fit donner une place sur un char-à-bancs qui allait à Mutzig. De là à Dorlisheim, il n'y a plus qu'un pas.

Il est près de quatre heures quand j'arrive devant la maison de mon beau-frère. Quelle joie de se revoir après ces six semaines

d'inquiétudes et de tourments! Il me faut répondre à mille questions et raconter tous les détails de notre existence pendant ce long siège. Eux, de leur côté, me disent quelles étaient leurs angoisses en entendant cette incessante canonnade, en voyant la lueur des incendies allumés par les bombes.

Un peu plus tard, arrivent à ma grande surprise, ma fille avec sa petite Laure et nos neveux Paul Weber et Victor Hasslauer, le brigadier d'artillerie qui, ne voulant pas se constituer prisonnier, juge qu'il est prudent de se cacher pendant quelque temps; leur venue excite de nouveaux transports de joie, cause de nouvelles embrassades. Ils avaient profité de la voiture de mon beau-frère que ce dernier avait eu l'amicale attention d'envoyer en ville, à l'usage de ceux des membres de la famille désireux de venir passer quelques jours à la campagne.

Quelle bonne occasion pour moi si j'en avais eu connaissance.

Le souper quoique simple, nous parut après toutes nos privations, un festin digne des Dieux. Un certain plat de *knackwürsts*, mets si essentiellement strasbourgeois, obtint tout spécialement l'assentiment général.

J'eus le temps après souper d'aller jusqu'au presbytère pour serrer la main à mon cousin Jaeglé, le pasteur, puis fatigué, tant de ma course que des émotions de la journée, je gagne ma chambre à dix heures.

Vendredi, 30.

Dès cinq heures, je suis sur pied; j'ai hâte de sortir pour respirer à pleins poumons l'air vivifiant de la campagne. La nature est magnifique; le soleil qui se lève splendidement, dore de ses premiers rayons les montagnes environnantes. Quel bonheur de recouvrer sa liberté, de pouvoir circuler tranquillement dans la grande et belle nature du bon Dieu.

Je ne puis malheureusement prolonger mon séjour, je suis trop anxieux de savoir ce qui se passe à la maison.

Je me remets donc en route, porté cette fois par la voiture de mon beau-frère.

Ce sont des soldats badois qui occupent maintenant les villages situés sur notre chemin; je vois partout leurs casques à la cocarde jaune et rouge.

Le cœur se serre quand, aux approches de la ville, on revoit les dévastations causées par la guerre; près du moulin *Rœthmühl*, nous passons à côté d'une batterie prussienne construite avec les tonneaux de la brasserie Grüber. Les murs des jardins sont tous percés de meurtrières. A cause de la destruction des ponts, nous avons dû quitter la route de Mutzig en deçà du canal de la Bruche, pour prendre celle de Paris; c'est un détour assez sensible, aussi n'arrivons-nous qu'à onze heures devant la porte Nationale, devant laquelle se presse la foule des voitures.

Chars-à-bancs de campagnards, citadines, équipages de maître, fourgons militaires, défilent lentement. Il faut patiemment attendre

notre tour; ce n'est qu'à midi que nous débarquons chez nous.

La ville présente aujourd'hui un aspect tout nouveau. Ce ne sont plus seulement des soldats de toutes armes qui remplissent nos rues, ce sont maintenant les gens des localités voisines d'Outre-Rhin, les touristes de même nationalité, pressés de contempler nos ruines encore fumantes, qui s'abattent sur notre pauvre Strasbourg. On les rencontre partout, se promenant d'un air vainqueur, s'extasiant là où l'œuvre de destruction est bien complète. Des marchands ambulants ont installé sur les places principales leurs débits de bière, de tabac, de cigares, de charcuterie, de fromages. Les amateurs se pressent en foule devant les étalages, mangeant, échangeant gaiement et bruyamment leurs impressions. C'est une vraie foire avec toute son animation. C'est l'invasion civile qui commence.

Je me suis entretenu un instant ce soir avec mes landwehrs garnisaires ; ils sont polis, peu exigeants et à en juger par leur conversation, préféreraient rentrer dans leurs foyers au lieu de tenir garnison à Strasbourg et de guerroyer en France, au risque de se faire casser les os. Cela n'a rien d'étonnant quand on songe que beaucoup parmi ces hommes sont mariés et établis et ont laissé derrière eux des affections de famille et des intérêts de commerce. Je ne trouve chez eux ni haine, ni animosité contre notre pays. Mais est-ce sincère? Quoique philanthrope de nature, l'âge et l'expérience m'ont rendu sceptique.

Statue de Lezay-Marnésia. Jardin de la Préfecture.

Samedi, 1er octobre.

Je vais ce matin faire une visite à l'Académie. Je remarque en passant par le Broglie les graves atteintes subies par la statue de Lezay-Marnésia, placée à l'angle de la Préfecture. Outre de nombreuses traces de balles, trois projectiles ont troué et déchiré le bronze, l'une à la joue droite, les deux autres à la jambe gauche.

A l'Académie, des soldats prussiens travaillent activement au nettoyage de la grande cour précédemment occupée par les chevaux de la gendarmerie. Ma bibliothèque se trouve dans le même état qu'au moment de ma dernière visite; il n'y a pas eu de nouveaux dégâts. En somme, elle a été relativement épargnée. Je trouve les familles Bécourt, Engel, Zabern fort inquiètes sur notre situation. Ces messieurs sont comme moi, employés de l'État. Qu'allons-nous devenir? Il est difficile de le prévoir dans les circonstances actuelles.

Le nombre des visiteurs allemands a encore augmenté aujourd'hui. C'est une vraie fourmilière humaine dans les rues. Mais ce qui m'indigne, ce qui m'attriste surtout, c'est de voir la joie maligne, l'arrogance cynique de tous ces gens. Je n'ai pas entendu une seule fois l'expression d'un sentiment de pitié ou de sympathie. Et pourtant c'est en majeure partie de l'Alsace que vivaient nos voisins badois. Après la tourmente révolutionnaire de 1848, c'est chez nous que ces fameux démocrates vinrent par centaines, par milliers, chercher un refuge; c'est en Alsace, c'est à Strasbourg que tous, princes ou insurgés, trouvèrent une fraternelle hospitalité (1). Nous écoutions leurs belles protestations de reconnaissance que l'on croyait sincères. Tout cela est bien oublié aujourd'hui. Misérable race humaine, qu'as-tu fait des principes du christianisme qui devraient te guider.

Dimanche, 2.

Il y a aujourd'hui sept semaines que l'ennemi a lancé les premiers obus sur la ville. Après un siège de cinquante jours, Strasbourg a dû capituler malgré une résistance opiniâtre (2).

(1) Piton, lui aussi, avait généreusement recueilli pendant plusieurs mois, un de ces réfugiés, maire d'une commune badoise, le meunier Hummel, que ses concitoyens avaient envoyé dès le début de la révolution à la Chambre des représentants du peuple, à Carlsruhe. Quoique empêché par une maladie de se rendre à son poste, il n'en fut pas moins condamné à dix ans de détention dès que le gouvernement grand ducal fut rétabli. Ce fut Piton qui, à force de démarches, parvint à faire commuer cette peine qui fut réduite à quelques mois de réclusion.

(2) Voici les termes de cette capitulation :

Convention relative à la capitulation conclue à Kœnigshofen, à 2 heures du matin, le 28 septembre 1870.

Le comte de Werder, lieutenant-général de S. M. le roi de Prusse, commandant de l'armée assiégeante de Strasbourg, ayant été requis par M. le général de division français, gouverneur de Strasbourg, de faire cesser les hostilités contre la place, est convenu avec lui de conclure la capitulation dont les termes suivent, en considération de la défense honorable et courageuse de cette place de guerre.

Art. 1er. — Le 28 septembre 1870, à 8 h. du matin, M. le général de division

Avant-hier, 30 septembre, il y a eu 189 ans que notre ville, entourée à l'improviste par une armée française, fut contrainte de subir le même sort. Aux deux époques, ce fut le défaut de secours de la mère-patrie qui amena la chute. Abandonnée à ses propres forces, notre ville devait succomber.

J'avais longtemps conservé l'espoir qu'un corps d'armée formé dans le Midi, viendrait nous dégager. J'espérais qu'à l'approche de

---

Uhrich, évacuera la citadelle, la porte d'Austerlitz, la porte Nationale, celle des Pêcheurs. En même temps, ces divers points seront occupés par les troupes allemandes.

Art. 2. — Le même jour, à 11 heures, la garnison française et la garde mobile quitteront la place par la porte Nationale, se placeront entre la lunette 44 et le réduit 37 et déposeront les armes.

Art. 3. — Les troupes de ligne et la garde mobile seront prisonnières de guerre et se mettront immédiatement en marche avec leurs bagages. Les gardes nationaux et les francs-tireurs resteront libres au moyen d'un revers (déclaration écrite de ne pas servir pendant la guerre) et devront déposer les armes à la mairie avant 11 heures du matin. A la même heure, les listes nominatives des officiers de ces troupes devront être remises à M. le général de Werder.

Art. 4. — Les officiers et les fonctionnaires ayant rang d'officiers, de tous les corps de l'armée française, pourront se rendre à la résidence qu'ils choisiront, à charge de fournir un revers dont la formule est annexée au présent document.

Les officiers qui refuseront de signer ce revers, seront conduits en Allemagne avec la garnison comme prisonniers de guerre. Tous les médecins militaires conserveront leurs fonctions jusqu'à nouvel ordre.

Art. 5. — M. le général Uhrich s'engage, dès que les armes auront été déposées, à remettre tous effets militaires, caisses du trésor, etc., par l'entremise des agents que cette remise concerne, aux fonctionnaires allemands dans la forme usitée.

Les officiers et fonctionnaires qui des deux côtés seront chargés de cette mission, se trouveront le 28 septembre à midi sur la place du Broglie.

La présente capitulation a été rédigée et signée par les fondés de pouvoir suivants : du côté allemand, le lieutenant colonel Leszinski, chef de l'état-major de l'armée de siège, le capitaine et aide-de-camp Henckel de Donnersmark ; du côté français, le colonel Ducasse, commandant de Strasbourg et le lieutenant colonel Mengin, sous-directeur de l'artillerie.

Lu, approuvé et signé :

Mengin, Ducasse, Henckel de Donnersmark, de Leszinski.

Le secrétaire : baron de Laroche.

Pour copie conforme :

Le général commandant supérieur : UHRICH.

l'ennemi, la nation tout entière se lèverait, qu'elle secouerait cette torpeur engendrée par le règne néfaste de l'empereur. Je savais bien que la France de 1870 n'était plus celle de 1793, néanmoins, j'espérais que tous s'uniraient pour le salut commun. Vaine attente! Strasbourg est perdue pour la France! Et nous, quel est le sort qui nous est réservé?

L'animation en ville est toujours extrême. Jamais, même aux fêtes les plus brillantes, telles que celles de l'inauguration de la statue de Gutemberg, ou celles de la réunion bi-séculaire de l'Alsace à la France, je n'ai vu pareille affluence dans nos murs. Beaucoup de nos compatriotes sont venus aujourd'hui, mais les Alle-

Les arrestations quotidiennes.

mands restent les plus nombreux. Je reconnais des costumes de tous les coins des pays de Bade, de l'*ober und mittel Rhein Kreiss*, des bords du lac de Constance. Des officiers prussiens passent gravement à cheval à travers cette foule; des patrouilles de landwehrs circulent dans les rues.

Un pionnier badois se présente chez moi cet après-midi. Ce n'est que difficilement que je reconnais le fils d'un de mes vieux amis, l'avocat Kraüter de Heidelberg. J'avais connu ce petit Edwin en 1849, je l'avais vu en 1867, élève de l'école polytechnique de Carlsruhe; je le revois aujourd'hui revêtu de la sombre tenue de cette troupe dans laquelle il sert comme simple soldat, quoique ingénieur de son état.

A quatre heures, on hisse deux immenses drapeaux sur les tourelles nord et sud de la cathédrale, là où ont si souvent flotté nos joyeuses couleurs françaises. L'un est blanc et noir, c'est le lugubre drapeau prussien ; l'autre est rouge, blanc et noir, c'est celui de la Confédération du Nord.

Que signifient ces bannières? Sont-elles arborées en signe de victoire, ou présagent-elles notre annexion à l'Allemagne?

Lundi, 3.

J'adresse un duplicata de ma lettre du 20 septembre au grand-duc de Bade, et je vais moi-même la jeter à la poste provisoirement installée à l'Hôtel du Commerce sous le nom de : *Koenigl. Preussisches Hauptpostamt.* Portera-t-elle ses fruits?

Un ordre du général gouverneur enjoint aux particuliers de livrer leurs armes, avec promesse de les restituer dans quelques semaines (1).

Mes dix garnisaires sont partis aujourd'hui, mais ils ont de suite été remplacés par dix autres qu'il faudra nourrir.

Dorénavant, chaque propriétaire devra fournir par jour et par homme, le matin,

(1) Voici la traduction des principaux passages de ce document :

Dispositions communiquées à la municipalité de Strasbourg, par le commandant royal prussien, le 28 septembre 1870.

Après avoir pris possession du commandement, je donne les ordres suivants :

Les ordres seront donnés en langue allemande; la municipalité pourra les faire traduire en français, à l'usage des habitants ne parlant pas l'allemand.

café au lait; à midi, soupe, légumes et viande; le soir, souper copieux. Avec cela, du vin ou de la bière et cinq cigares (1).

La municipalité devra faire savoir aux habitants que l'état de siège subsiste toujours. Tous délits, crimes, infractions aux ordres de M. le général commandant supérieur, sont justiciables du conseil de guerre et punis de la loi martiale.

La municipalité devra prévenir les habitants qu'ils ont à livrer toutes les armes et munitions en leur possession, armes de tir, sabres, poignards, cannes à épée. Les propriétaires sont tenus responsables de l'exécution de cet ordre.

La publication de journaux ou d'imprimés est interdite à l'exception de ceux autorisés par le commandant supérieur de la place.

Les habitants sont prévenus que si un coup de feu est tiré d'une maison sur des soldats allemands, ces soldats sont autorisés à passer au fil de l'épée tous les hommes adultes de la maison *(a)*.

Par contre, les troupes allemandes respecteront les propriétés et n'imposeront pas de réquisitions sans y être autorisées par M. le général commandant la place.

Les lieux publics devront être fermés à 9 heures du soir. Toutes personnes rencontrées après cette heure par les patrouilles, seront arrêtées et conduites au siège du commandement. Les officiers des troupes allemandes sont exceptés de cette mesure. Des autorisations pourront être accordées par M. le général commandant la place, aux médecins civils qui ont à visiter des malades.

La municipalité devra de suite procéder à l'éclairage des places et des rues. Si cet éclairage ne peut être installé immédiatement, les habitants qui circulent dans les rues jusqu'à 9 heures, devront être munis d'une lanterne.

A partir d'aujourd'hui à midi, jusqu'à demain matin 10 heures, aucun habitant ne pourra sortir de la ville ou y rentrer, à moins d'être porteur d'une autorisation spéciale écrite par M. le général commandant la place.

La municipalité devra immédiatement procéder au déblaiement et à la propreté des rues. En cas d'insuffisance, elle devra réclamer le concours de l'autorité militaire,

La municipalité devra faire préparer le plus rapidement possible, des logements sans nourriture pour 8,000 hommes, soit dans les maisons particulières, soit dans les casernes encore habitables.

Signé : MERTENS.

(1) La composition des repas que les habitants de la ville étaient tenus de fournir aux officiers et soldats allemands, était la suivante :

Officiers :

Premier déjeuner : Café au lait ou thé, petit pain.

(a) Le cas contraire s'est présenté pour notre maison de la rue du Temple-Neuf. Un soir de décembre de cette même année, entre 9 et 10 heures, un coup de feu fut tiré de la rue sur un de nos garnisaires. Ce soldat venait de rentrer harassé de fatigue et s'était jeté tout habillé sur un matelas. C'est ce qui le sauva. La charge du fusil brisa les vitres et alla se loger dans les parois de la chambre, passant au-dessus de l'homme étendu par terre. Dès le lendemain matin arrivèrent les gendarmes. L'enquête prouva que le coupable s'était caché dans les ruines du Temple-Neuf et que c'est de là qu'il avait envoyé son coup de fusil. Aucun des habitants de la maison ne fut inquiété.

Cette obligation m'impose une dépense journalière de vingt francs (1).

Second déjeuner : Bouillon, plat de viande avec légumes.
Diner : Soupe, deux plats de viande avec légumes, ou salade, dessert, café.
Pour la journée, deux litres de bon vin, cinq bons cigares.

Soldats :

Déjeuner : Café au lait.
Diner : Soupe, une livre de viande avec légumes.
Souper : Un plat chaud.
Pour la journée : Une livre et demie de pain, un demi-litre de vin ou un litre de bière, ou un décilitre d'eau-de-vie, cinq cigares ou la quantité de tabac correspondante.

(1) M. Schnéegans, qui, à ce moment, faisait partie de l'administration municipale, relate dans son intéressant ouvrage *Guerre en Alsace*, les contributions de toute nature imposées à Strasbourg par un ennemi qui s'était engagé par convention à l'épargner. Destinées au logement, à l'entretien, à la nourriture des états-majors et des corps de troupes, ces contributions étaient fort variées. On y trouve de tout, depuis les deux modestes boites d'allumettes qu'un sous officier muni d'un bon de réquisition venait gravement chercher à la mairie, jusqu'aux diners somptueux, aux promenades en voiture (1.995 fr.), aux fournitures d'équipements militaires à des régiments de passage (2.546 fr.), de linge et gilets de flanelle, de mobiliers complets de caserne (150.000 fr.)

Les aumôniers protestants achètent aux frais de la ville, les objets nécessaires à la célébration de leur culte. Des musiciens se présentent à la mairie et réclament les instruments de l'orchestre du théâtre : c'est en vain qu'on leur objecte que ces instruments ne sont pas déposés à la mairie, qu'ils sont d'ailleurs la propriété des artistes, ils ne veulent rien entendre. Après une recherche de deux heures, ils trouvent dans une cave, une vieille harpe et une flûte servant d'accessoires au théâtre et s'en emparent triomphalement.

Les lignes suivantes, extraites de *Guerre en Alsace*, sont particulièrement édifiantes.

« Le 28 septembre, faisant son entrée dans une ville qu'il avait brûlée et affamée, au milieu d'une population qui comptait 10.000 âmes réduites à la plus horrible des misères, le général de Mertens fit servir à l'*Hôtel de la Vignette*, un diner de dix couverts à 20 francs par tête, dans lequel il but avec ses nobles convives, 6 bouteilles de Chambertin, 6 bouteilles de Saint-Julien, 3 bouteilles de vin de la Moselle, 10 bouteilles de Champagne-Roderer et 3 flacons de liqueurs. Le lendemain le même général consomme dans le même hôtel, 12 bouteilles de Riesling, 12 de Saint-Julien, 6 de Champagne et pour 12 francs de café et liqueurs. Du 28 au 30 septembre, il trouva moyen de faire payer à la caisse municipale 628 fr. 50 pour ses dépenses de table.

Ces notes existent dans les archives de la ville de Strasbourg. »

Mardi, 4.

Je me suis rendu cet après-midi à l'œuvre Notre-Dame pour voir l'ami Klotz, l'architecte de la cathédrale, que j'ai trouvé en bonne santé. Je suis heureux d'apprendre qu'à première inspection, il a trouvé la partie supérieure de l'édifice moins endommagée qu'il ne s'y attendait. C'est principalement la partie décorative qui a été atteinte. Il ajoute que bientôt je verrai Goerner, le maître charpentier, faire élever des échafaudages autour de la lanterne, pour procéder à la consolidation et à la réparation de la croix dont il faut à tout prix empêcher la chute.

Après cette visite qui m'a rassuré, j'entre un instant dans la cathédrale. Là aussi, les dégâts ne sont pas aussi importants qu'on pourrait le craindre. Les voûtes ont partout résisté à la chute des charpentes de la toiture, le grand orgue est à peu près intact, ainsi que la célèbre horloge. Seuls, les vitraux ont cruellement souffert.

La sonnerie des heures de la cathédrale a été remise aujourd'hui en état de fonctionner; on est tout aise d'entendre de nouveau résonner ces voix aériennes.

Mon fils est parti ce matin avec sa femme et sa petite fille pour la Suisse. La mère les a accompagnés jusqu'à Kehl où se trouve provisoirement la tête de ligne du chemin de fer.

Mercredi, 5.

Rien de marquant dans cette journée. J'ai écrit à mon vieil ami Kachel à Carlsruhe; dix centimes d'affranchissement au lieu de trente.

Le tabac, les cigares se vendent également bien meilleur marché. Voici des économies dont nous nous serions passés bien volontiers.

Le bâtiment de l'Ecole de santé militaire, situé sur la place de la cathédrale, est transformé en Hôtel des postes, par l'administration prussienne.

Jeudi, 6.

Ce matin, mes dix garnisaires quittent la maison après m'avoir fait leurs adieux. Serai-je mangé par d'autres?

La santé de ma femme a été peu satisfaisante pendant toute la durée du siège. Elle continue néanmoins à veiller courageusement aux soins du ménage, mais se ressent encore de sa longue indisposition et malgré sa force morale, subit maintenant le contre-coup de ses cruelles inquiétudes. Il lui faut absolument quelques jours de repos, il lui faut le bon air de la campagne. Je la décide à se rendre à Dorlisheim, auprès de son frère, qui sera heureux de la recevoir.

Nous nous mettons en route vers dix heures, accompagnés de notre petit-fils Alfred Mathey. Il est midi quand la voiture s'arrête devant la maison de mon beau-frère.

Mais cette fois ce n'est pas le calme, la tranquillité tant désirée que nous rencontrons dans ce séjour habituellement si paisible. Tout y a pris un aspect guerrier. Le village est occupé militairement, et dans la cour de Victor campe un détachement de trente hommes formant grand'garde; en outre, deux officiers de dragons logent dans la maison avec leurs ordonnances.

Je me souviens que l'année dernière à pareille époque, des tables étaient dressées dans cette même cour, autour desquelles se

serraient de nombreux convives. On célébrait gaiement la fête des vendanges et à cette occasion la fille de mon beau-frère avait invité toutes ses camarades de pension à prendre part à cette réjouissance. Quel contraste avec la scène qui se déroule aujourd'hui devant nous!

A quatre heures, je retourne à Strasbourg, emmenant le petit Alfred et laissant ma femme auprès de son frère.

Devant la porte Nationale, l'encombrement des voitures est toujours considérable. Pour ne pas attendre trop longtemps notre tour, je préfère quitter la voiture et rentrer à pied. Je passe avec mon jeune compagnon de voyage à travers le quartier ruiné du faubourg National, car je tiens à ce que le tableau des ruines amoncelées par cette odieuse guerre, reste bien gravé dans sa mémoire (1).

Je retrouve à mon grand désappointement, dix nouveaux garnisaires installés chez moi en remplacement de ceux partis ce matin. Quand donc cela cessera-t-il ?

Vendredi, 7.

Aujourd'hui, premier marché, tenu comme précédemment à son jour habituel. Les denrées y abondent et leur prix est redevenu à peu près normal.

Même cohue d'étrangers que ces jours derniers.

J'ai voulu cet après midi faire une visite au recteur que je n'avais pas vu depuis le 30 août, quand j'étais allé soumettre à sa signature les états d'appointement. Grand est mon étonnement quand arrivé au Lycée qu'il habitait depuis le siège, j'apprends qu'à la suite de sa nomination à Poitiers, il venait de quitter définitivement Strasbourg. C'est là un bien singulier et brusque départ, de nature à nous surprendre tous.

Je vais de là à ma bibliothèque. Le même désordre y règne encore ; on ne pourra y remédier que quand les brèches du mur

(1) Alfred Mathey quitta Strasbourg à l'âge de 16 ans. Comme des milliers d'autres jeunes patriotes, il aima mieux s'expatrier que de servir l'Allemagne et de prêter serment à un drapeau qui n'était pas le sien. Il alla au Texas, à Galveston d'abord, puis à Dallas et avait réussi à force d'énergie à se créer une petite situation, quand une maladie l'enleva subitement à l'amour des siens.

seront réparées. Mais ai-je seulement le droit de m'en occuper? Suis-je encore en fonctions?

J'éprouve une bien désagréable surprise en entrant dans mon cabinet. Tout y est bouleversé. Les registres, les états imprimés traînent à terre, l'armoire a été ouverte, les tiroirs ont été fouillés, Le papier à lettres, les enveloppes ont disparu. Une bourse contenant soixante francs a été vidée; on n'y a laissé qu'une pièce de cinq centimes. Quels peuvent être les gens capables de ce vol, de ces effractions? Les gardiens chargés de la surveillance des collections pourraient peut-être me renseigner à cet égard.

Samedi, 8.

J'ai reçu ce matin une lettre du capitaine Debourgues, notre locataire, interné à Stettin. Il s'informe anxieusement du sort de sa femme et de ses petites filles. Je lui réponds immédiatement, bien content de pouvoir pleinement le rassurer à ce sujet. Quant à sa lettre, je vais l'expédier à Mme Debourgues, actuellement à Bâle, par l'entremise du colonel de Büren, délégué cantonal de Berne pour l'émigration. Elle sera heureuse de cette communication.

Dimanche, 9.

Une affiche placardée en ville fait savoir à la population qu'elle est dispensée de l'obligation de nourrir les garnisaires. Dorénavant, les soldats toucheront leurs vivres en nature; il ne reste au maître de la maison que la charge de les faire accommoder dans sa cuisine.

Dans l'après-midi, le vent très impétueux aujourd'hui, renverse une cheminée du presbytère à côté de chez nous; elle devait être fortement entamée par les obus pour avoir offert si peu de résistance. Ce même vent jette dans la rue nombre de briques détachées des ruines du Temple-Neuf. Heureusement que leur chute ne cause pas d'accidents.

Toujours même affluence d'étrangers.

Lundi, 10.

Une proclamation adressée aux habitants de Strasbourg finit par cette phrase navrante : « De maintenant, Strasbourg est et restera une ville allemande ».

Mardi, 11.

Ma femme est revenue de Dorlisheim, accompagnée du cousin Viscaya et de la petite Maria. Ce séjour à la campagne lui a fait du bien.

Vendredi, 14.

Toutes les vitres de la façade de la maison ont été brisées, autant par la chaleur de l'incendie du Temple-Neuf, que par la chute des tuiles ou par les éclats des obus. Deux ouvriers venus de Lahr, travaillent aujourd'hui à les remplacer. Trois couvreurs sont également occupés à boucher la vingtaine de trous que les projectiles ont percés dans la toiture. Nous serons du moins à l'abri des intempéries de la mauvaise saison.

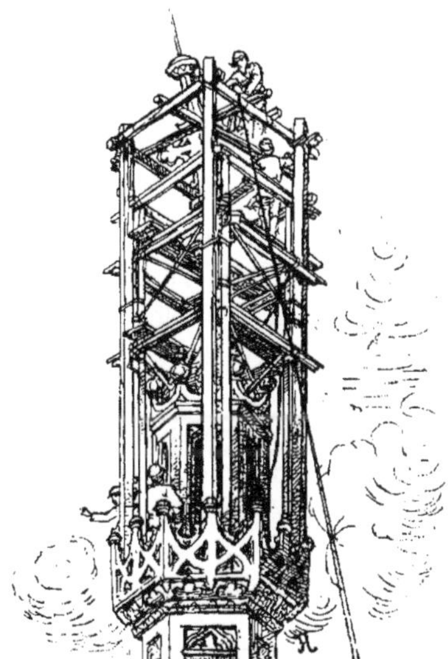

Samedi, 15.

Ainsi que me l'avait annoncé M. Klotz, des ouvriers charpentiers travaillent tout en haut de la cathédrale à la mise en place de l'échafaudage qui doit permettre les travaux de consolidation de la croix. Que de difficultés à vaincre pour mener à une telle hauteur, ce travail à bonne fin.

De tous côtés l'activité est grande en ville. Beaucoup d'ouvriers étrangers sont venus apporter leur concours aux nôtres qui ne suffisent pas à la besogne. Depuis quelques jours des soldats et des terrassiers réquisitionnés à raison de cinquante sous par jour, travaillent au déblaiement des remparts. On voit sur toutes les toitures des maçons occupés à réparer les dégâts. M. Gall, le marchand verrier, a dû embaucher une soixantaine d'ouvriers vitriers pour pouvoir faire face aux exigences.

Mercredi, 19.

Je suis allé cet après-midi en compagnie de ma femme et de ma sœur visiter notre jardin pour me rendre compte de son état après ces six semaines de siège. Une voiture nous conduisit jusque chez Kammerer au Contades ; le pont sur l'Aar n'étant pas encore rétabli, nous dûmes passer la rivière en bateau pour arriver au jardin.

L'aspect en est désolant. De notre pavillon, ainsi que des autres maisons de l'enclos, il ne reste qu'un amas de décombres noircies par le feu ; les arbres fruitiers abattus par la hache de nos soldats, couvrent le sol et obstruent les sentiers. Ce triste tableau nous rappelle plus vivement les jours heureux passés dans ce joli jardin que nous aimions tant. Par la belle saison la famille s'y réunissait tous les dimanches. Et maintenant voici ce que la guerre en a fait ! Et tout cela, pour aboutir à une capitulation que rien n'a pu empêcher.

Les campagnes environnantes ne sont pas mieux traitées ; la vue ne s'étend que sur des maisons incendiées et des jardins saccagés.

A cinq heures nous étions de retour de notre triste pèlerinage.

On parle beaucoup de préliminaires de paix ; pour ma part je n'y crois pas. C'est la disparition momentanée des drapeaux arborés

sur la cathédrale, disparition motivée par leur mauvais état, qui a fait naître ces rumeurs. Le vent, bon patriote, les avait mis en lambeaux. Ils ont été remplacés dès ce soir.

Couvent du Bon Pasteur.

Samedi, 22.

Le *Courrier du Bas-Rhin* qui pendant le siège ne paraissait qu'en feuille volante, reprend aujourd'hui son format habituel. Il continue à être rédigé dans les deux langues, mais maintenant c'est l'allemand qui, par ordre, tient la droite.

Publication d'une lettre du général Barral qui commandait l'artillerie pendant le siège. Dans cet écrit, le général commente les diverses phases de la lutte et conclut en attribuant la reddition de la place à l'impossibilité absolue de tenir plus longtemps, non sans reprocher toutefois un manque d'énergie au commencement des opérations (1).

---

(1) La défense de Strasbourg a été blâmée par les uns et vivement défendue par d'autres; il n'est donc pas inutile de citer le rapport officiel adressé par le général Uhrich au ministre de la guerre. Au milieu de tant d'affirmations erronées et quelquefois calomnieuses, ce document contribuera pour sa bonne part, à mettre en évidence le véritable état des choses.

Le voici :

« Monsieur le Ministre.

« Depuis quelque temps déjà, les dépêches que j'ai eu l'honneur de vous

Mardi, 25.

Nous étions tranquillement assis à table hier au soir, quand Frédérique, notre bonne, entre fort effarée nous annoncer que le

adresser, ont dû vous faire pressentir que la situation de la place de Strasbourg devenait de plus en plus critique.

« Dans les derniers jours du siège, la citadelle, entièrement démolie, n'existait pour ainsi dire plus. Ses portes étaient abattues, ses bâtiments brûlés; sa garnison ne pouvait trouver à s'abriter que dans des casemates insuffisantes dont les projectiles brisaient souvent les masques.

« La ville, en partie incendiée ou démolie par les obus lancés de batteries établies à 3.000 mètres et même à 3.500, avait éprouvé des dégâts énormes et d'une nature inconnue jusqu'à ce jour, comme les projectiles inusités dans les guerres précédentes, que l'armée prussienne avait employés contre la place.

« Notre artillerie était réduite au silence. Dès qu'une bouche à feu était mise en batterie et placée dans une embrasure, elle se trouvait à l'instant mise hors de service ou démontée.

« Lors de l'incendie de l'arsenal, 35.000 fusées percutantes avaient sauté précisément à l'époque du siège où elles eussent été le plus utilement employées. C'était à peu près tout ce que nous possédions en munitions de ce genre; j'ai bien fait confectionner par l'artillerie des fusées en bois, mais leur efficacité était presque nulle.

« Les défenseurs ne pouvaient montrer un instant leurs têtes au dessus de l'épaulement sans être atteints par des obus à balles, des boulets creux, par des bombes et par des coups de mitraille tombant au milieu d'eux.

« Les ouvrages extérieurs n'étant plus tenables, puisqu'ils avaient été labourés puis rasés par les projectiles, j'ai dû ordonner successivement l'évacuation de cinq d'entre eux, les lunettes cotées 44, 52, 53, 54 et 55. L'ennemi n'a occupé que deux de ces ouvrages, les lunettes 52 et 53, d'où il est parti pour cheminer dans les caponnières et arriver à couronner le chemin couvert de l'ouvrage 51.

« Après ces travaux, l'assiégeant a pu battre en brèche les bastions XI et XII. Il l'a fait avec une artillerie d'un puissant calibre. En quarante-huit heures, la première de ces brèches était praticable. Encore trois ou quatre heures de feu et la seconde l'était également.

« Le passage du fossé avait été préparé au moyen d'énormes tonneaux de brasserie, pris à Schiltigheim, reliés entre eux par des madriers formant des radeaux aussi solides que faciles à manier.

« Rien ne saurait donner une idée de la rapidité avec laquelle ces derniers travaux avaient été effectués.

« Le terre-plein des bastions XI et XII (sans cesse sillonné par des projectiles de toutes espèces, principalement par des obus dont chacun contenait 470 balles) n'était plus tenable. Les défenseurs de la brèche n'avaient plus d'abri;

ciel était tout rouge et qu'il devait y avoir un grand incendie en ville. Je monte bien vite au grenier d'où j'ai tant de fois observé les phases du bombardement et là je constate, non un incendie,

---

la rue du Rempart foudroyée nuit et jour par l'artillerie ennemie, était trop étroite pour leur donner un asile même momentané.

« Les casernes étaient brûlées ; la place n'avait, à l'intérieur, aucune casemate et, pour s'abriter d'une manière fort insuffisante, les troupes durent couper les arbres des remparts, pour s'en faire des blindages sous lesquels elles cherchaient un refuge très inefficace.

« Tel était, M. le Ministre, l'état des choses, lorsque le 27 septembre, à deux heures et demie de l'après-midi, je fus prévenu par le directeur des fortifications et par le chef du génie que l'une des deux brèches était praticable, que l'autre allait le devenir et que les travaux de l'ennemi s'exécutaient avec une telle rapidité, qu'à coup sûr l'assaut pouvait être donné d'un moment à l'autre.

« Je crus devoir rassembler aussitôt le Conseil de défense et lui exposer la situation. La discussion s'ouvrit et, à l'unanimité des voix, il fut reconnu que nous n'étions pas en état de soutenir et surtout de repousser un assaut, puisque les troupes chargées de défendre la brèche seraient écrasées par l'artillerie ennemie avant même d'avoir pu gravir les rampes.

A l'unanimité donc, le Conseil déclara qu'il y avait lieu d'entrer en négociations avec l'ennemi.

« En raison de tout ce que je viens d'avoir l'honneur de vous exposer, je crus, Monsieur le Ministre, de mon devoir d'épargner à Strasbourg, qui déjà avait tant souffert, les horreurs d'une ville qui eût été prise d'assaut, à coup sûr, et peut-être eût été pillée et saccagée.

« Je fis donc arborer le drapeau parlementaire et j'écrivis en même temps, au général de Werder, la lettre dont voici la copie :

« Monsieur le Lieutenant Général.

« La résistance de Strasbourg est arrivée à son terme. J'ai l'honneur de « remettre à votre discrétion la ville, la citadelle et la garnison.

« Je demande pour la ville si cruellement éprouvée déjà, le traitement le plus « doux possible et la conservation de ses propriétés particulières.

« Pour les habitants, la vie sauve et les biens saufs, la liberté de s'éloigner.

« Pour la garnison, rien que le traitement que vous jugerez dû à des soldats « qui ont fait leur devoir.

« Je recommande à votre humanité les blessés et les malades qui sont actuel- « lement dans les hôpitaux et ambulances.

« Je désigne M. le colonel Ducasse, commandant de place, et M. le lieute- « nant-colonel Mengin, commandant l'artillerie, pour aller recevoir vos décisions.

« Veuillez me faire connaître le jour, l'heure et le lieu de la convocation.

« Je donne l'ordre de cesser le feu sur toute la ligne de défense et j'ai l'hon- « neur de vous prier de prendre la même mesure de votre côté.

« Général UHRICH. »

mais un phénomène assez rare chez nous, l'apparition d'une aurore boréale.

Les effets ne tardèrent pas à se faire sentir. Un ouragan ter-

---

« Le général de Werder répondit à cette lettre à onze heures du soir. Sur son désir, j'envoyai immédiatement à Kœnigshoffen, comme il me le demandait, le colonel Ducasse et le lieutenant colonel Mengin. Les conditions furent réglées entre ces officiers et les officiers prussiens, délégués par le général de Werder. Les conditions de la capitulation furent calquées sur celles de l'armée de Châlons à Sedan.

« En exécution de la convention arrêtée le 28 septembre 1870, à deux heures du matin, le même jour à huit heures, les troupes allemandes occupèrent la citadelle et les portes d'Austerlitz, Nationale et des Pêcheurs ; à onze heures, la garnison sortit avec armes et bagages pour défiler sur les glacis de la place et déposer les armes. Un corps de 8.000 ennemis entra dans la ville et en prit possession.

« Lorsque le général de Werder me vit venir avec la garnison française, il mit pied à terre, ainsi que son état major, et, avec une courtoisie qui ne s'était pas démentie pendant le cours de ce siége, il vint au devant de moi, m'embrassa en voulant bien reconnaître que la défense n'avait pas été sans gloire. Le général de Werder s'opposa ensuite à ce que mon état major et moi, ainsi que les officiers sans troupes, défilions devant lui.

« Ainsi s'est terminé, Monsieur le Ministre, la mission qui m'avait été confiée par le gouvernement de l'empereur. J'aurais voulu prolonger la défense, mais je crois que nul à ma place n'eût pu le faire sans enfreindre les lois de l'humanité.

« Si la défense a été vigoureuse, je le dois aux bonnes et patriotiques dispositions des habitants qui ont montré une abnégation, un dévouement qu'on ne saurait trop louer, ainsi qu'au concours si énergique de la garnison et du Conseil de défense.

« Tous ont la conscience d'avoir fait leur devoir.

« Je joins à ce rapport quelques observations qui m'ont paru de nature à mériter votre attention. Lorsque le 3 août, le maréchal de Mac-Mahon quitta Strasbourg, la garnison de la place se composait du 87e de ligne, des dépôts du 18e et du 96e, de ceux des 10e et 13e bataillons de chasseurs. Ces dépôts n'avaient que des cadres.

« Après la bataille de Frœschwiller, beaucoup de militaires de tous grades et de toutes armes vinrent se réfugier dans la place. Ces hommes furent un embarras pour la défense plutôt qu'un renfort. Je les accueillis et en formai deux régiments de marche, un d'infanterie, un de cavalerie. Je fis tous mes efforts pour leur fournir des cadres de façon à souder ces éléments épars.

« Trois détachements, savoir : un du 21e, un du 74e, un du 78e, destinés au 1er corps, et n'ayant pu le rallier, augmentèrent la garnison. Celui du 21e était un bataillon entier.

rible se déchaîna; le vent soufflait en tempête et hurlait autour de la cathédrale, au point de me faire craindre la chute de la flèche déjà ébranlée par tous les projectiles qui l'ont frappée.

Ce soir, à six heures et demie, deux secousses successives,

« Je me trouvais alors avoir dans la main, en y comprenant la garde-mobile et la garde nationale sédentaire, environ 11.000 baïonnettes. La cavalerie avait 1.600 chevaux.

« L'artillerie n'existait pour ainsi dire pas. Heureusement pour la défense, le brave et intelligent régiment de pontonniers, prêt à partir, mais n'en ayant pas reçu l'ordre, resta avec moi et put servir les batteries *(a)*.

« Six officiers, quelques gardes et huit hommes de troupe, comprenaient l'effectif du génie.

« J'avais aussi une centaine de marins commandés par le contre-amiral Exelmans.

« C'est avec ces éléments divers, peu homogènes et bien faibles en armes spéciales, dont le total pouvait s'élever à 15.000 hommes, que Strasbourg dut résister à cinquante jours d'attaque, dont trente-neuf de bombardement incessant de jour et de nuit.

« L'artillerie ennemie avait sur la nôtre une supériorité de matériel, en nombre et en calibre, que vous apprécierez facilement par le simple exposé suivant : Le corps de siège a mis en batterie depuis l'investissement jusqu'à la reddition de la place, plus de 200 bouches à feu d'un calibre bien supérieur, non seulement aux nôtres, mais encore à tous ceux connus jusqu'à ce jour, se chargeant par la culasse et concentrant leur feu sur un espace restreint.

« Nous n'avons pu lui opposer que 110 bouches à feu, dont 87 canons et 23 mortiers d'un calibre très inférieur. C'est ce qui explique la supériorité écrasante du feu de l'ennemi et la possibilité pour lui de pousser avec une incroyable rapidité les travaux d'attaque en éteignant notre tir. Les officiers d'artillerie estiment à 300.000 le nombre de gros projectiles envoyés par l'ennemi sur la place.

« La garnison, pendant les opérations, a eu 2.500 hommes, la population, 400 habitants hors de combat *(b)*. Général UHRICH. »

(a) Six compagnies seulement de ce régiment étaient restées à Strasbourg.

(b) D'après la liste forcément incomplète des registres de l'état civil, 270 personnes civiles ont été tuées pendant le siège. Il faut ajouter à ce chiffre le nombre resté inconnu de ceux qui, parmi les blessés, ne succombèrent à leurs blessures qu'après des mois et même des années de souffrances. Un cas particulièrement triste est celui que relate l'*Alsacien-Lorrain* du 16 mai 1898, en ces termes : « On annonce la mort, à quatre-vingt-six ans, de Mlle Amélie Magnus, qui fut une des victimes du siège de 1870. Dans son appartement du faubourg National tomba, le 24 août, un obus qui lui enleva les deux bras et lui fit encore d'autres blessures. On put cependant la transporter à l'hôpital où, pendant six semaines, elle resta sans connaissance. Malgré l'horrible mutilation subie, elle a encore vécu vingt-huit ans, sans pouvoir, toutefois, quitter son lit. »

accompagnées d'un bruit pareil à un long roulement de tonnerre, secouent la maison jusque dans ses fondements. Est-ce un tremblement de terre qui va renverser ce que les bombes ont laissé debout?

Je remonte à mon observatoire et je découvre bientôt la cause de ces secousses. L'immense pignon du Temple-Neuf resté debout après l'incendie du 24 août, s'est écroulé sous l'action du vent; sa chute a été suivie de celle des piliers intérieurs du côté du Gymnase. C'est là ce qui nous a fait un instant croire à un tremblement de terre.

Jeudi, 27

Promenade à Schiltigheim avec le petit Alfred. Je tiens à voir l'emplacement des batteries qui nous ont si longtemps et trop généreusement envoyé leurs projectiles.

J'entre chez l'ami Turban, dont la propriété domine les environs; il pourra sans doute me donner les renseignements désirés.

La maison n'a pas été trop endommagée; quelques-uns des obus français qui l'ont frappée, n'ayant pas éclaté. Pourquoi? Parce qu'en place de poudre ils étaient remplis de terre. Je me suis assuré du fait par mes propres yeux. Turban les montre à qui veut les voir. Que penser de cela (1)?

Il y avait dans ces environs les batteries suivantes :

Propriété Dach, route du Contades	1 batterie wurtembergeoise	6 pièces
Propriété Huck, à l'entrée du village.	1 batterie prussienne	6 pièces
Propriété Mühl, sur la petite route.	2 batteries wurtembergeoises	8 pièces
Propriété Mühl frères, sur la petite route.	2 batteries wurtembergeoises	8 pièces
Brasserie Schutzenberger . .	1 batterie prussienne	6 pièces
Brasserie Hatt	1 batterie prussienne	8 pièces
Couvent Saint-Charles. . . .	1 batterie prussienne	8 pièces
Propriété Friedel, route de Hausbergen.	1 batterie prussienne	8 pièces

Dimanche, 6 novembre.

Le temps est magnifique aujourd'hui. J'en profite pour faire une nouvelle promenade aux ruines du jardin.

Mercredi, 9.

Nous avons la joie du retour de mon fils avec sa famille, venant de la Suisse.

(1) La réponse à cette question est fort simple. L'artillerie se servait, en temps de paix, pour ses exercices journaliers de tir, de projectiles que l'on remplissait de sable ou de terre, au lieu de poudre, afin d'éviter des accidents toujours possibles. Ces projectiles que l'on préparait à l'arsenal, furent mêlés par mégarde aux obus chargés destinés aux batteries et transportés sur les remparts où on les utilisa pour le service des pièces.

Dimanche, 29 janvier

La dépêche suivante est arrivée aujourd'hui.

« Versailles, 29 janvier, 1871.

« Hier soir a été signé un armistice de trois semaines.

« La ligne et la mobile seront internées à Paris, comme prisonnières de guerre.

RETOUR DES PRISONNIERS DE GUERRE

« La garde nationale sédentaire est chargée du maintien de l'ordre.

« Nous occupons tous les forts. Paris reste cerné. La ville pourra se ravitailler quand les armes auront été livrées.

« Une Constituante sera convoquée à Bordeaux dans un délai de quinze jours.

« Les armées en campagne garderont leurs positions respectives avec des zones neutres. »

Lundi, 30.

Ce matin, les Prussiens tirent des salves d'artillerie sur nos remparts pour célébrer la capitulation de Paris. De défaite en

défaite, nous sommes arrivés à la chute définitive. Ce que j'avais prévu depuis le commencement de la guerre s'est réalisé. Espérons au moins que l'on traitera de la paix sur des bases acceptables.

Ici finit ce journal.

Les fatigues du siège, pendant la durée duquel Piton, au mépris de tout danger, veilla incessamment à la conservation de sa propriété, minèrent sérieusement sa robuste constitution.

La destruction de la bibliothèque qui lui était si chère, à laquelle il avait consacré tant d'années de labeur, la mutilation barbare de la cathédrale, vénérée à si juste titre, les malheurs et la perte de sa patrie, tous ces événements néfastes dont il s'affecta profondément, lui portèrent un coup dont il ne devait plus se relever.

Il mourut six mois plus tard dans une petite maison de la Robertsau, où il s'était retiré pour échapper aux tristesses du nouveau régime.

MORTS
POUR LA PATRIE

Le Conseil d'enquête présidé par le maréchal Baraguay-d'Hilliers, exprima un blâme sévère tant sur la défense de la place que sur l'attitude des citoyens.

Ce jugement rigoureux blessa profondément une population déjà cruellement frappée par les pertes matérielles, les deuils de famille, par l'arrachement avec la mère-patrie; cette population avait, en somme, patiemment supporté un bombardement sans précédent dans l'histoire des sièges, bombardement qui dura quarante-deux jours. Elle avait, en outre, fourni à la défense, quatre bataillons de garde nationale sédentaire, deux compagnies de francs-tireurs, une batterie d'artillerie et son intrépide bataillon de sapeurs-pompiers.

Le Conseil municipal se faisant l'interprète de ses concitoyens, répondit à cette injure par une vigoureuse protestation signée par tous ses membres.

Le général Uhrich, de son côté, fermement décidé à défendre son honneur militaire et à garder intacte une réputation sans tache, n'hésita pas, après s'être vu refuser l'autorisation de protester officiellement, à publier dans l'*Événement*, une réponse aux appréciations du Conseil d'enquête.

Relevant une à une les appréciations dont il est l'objet, le vieux général, tout en restant calme et modéré dans ses explications, les combat énergiquement, le plus souvent victorieusement.

Et bien des lignes de ce long document, désormais historique, constituent un véritable acte d'accusation contre l'Administration militaire, en dévoilant toute l'incurie de ce régime impérial, qui, sourd aux voix autorisées qui s'efforçaient de l'éclairer sur l'état de la situation, lançait le pays mal armé, mal organisé, dans une guerre redoutable et laissait une place forte comme Strasbourg, dans un pareil état d'abandon.

C'est là ce que pouvait, ce que devait hautement proclamer un Conseil d'enquête.

Voici la réponse du général ; elle émane d'un soldat qui a conscience d'avoir toujours rempli son devoir.

Réponse du général Uhrich au rapport du Conseil d'enquête

« Gravement et publiquement attaqué dans mon honneur militaire, il me semble juste que ma défense soit également publique et je demande que ma réponse soit mise à la connaissance de tous.

« Que suis-je d'abord ? Je suis un engagé volontaire pour la durée de la guerre, un engagé volontaire de soixante-huit ans et demi. J'étais au cadre de réserve, depuis trois ans et demi, lorsque la guerre éclata. Dès qu'elle fut imminente, j'offris mon épée au gouvernement. Je ne demandai pas au Ministre le commandement de Limoges, de Nantes, ou même de Rennes, où j'avais laissé de bons souvenirs encore récents; je demandai Metz ou Strasbourg, je fus envoyé dans cette dernière ville.

« Arrivé à mon poste le 21 juillet, j'en rendis compte au ministre et l'informai que j'allais immédiatement faire abattre les constructions et les plantations qui se trouvaient en quantité énorme dans la zone de servitude militaire.

« A cette communication, le ministre répondit aussitôt en m'interdisant formellement de ne rien faire qu'à la dernière extrémité et après m'être concerté avec les autorités civiles. En même temps, on substitua l'état de guerre à l'état de siège pour les places fortes et l'état de siège fut maintenu pour les villes ouvertes. J'ai rétabli l'état de siège pour les villes de guerre, tout de suite après Froeschwiller.

« Le 3 août, le maréchal de Mac-Mahon quitta Strasbourg pour aller se mettre à la tête de son armée et désigna le 87e de ligne, pour former avec une partie du 16e d'artillerie (pontonniers), la garnison de la place où se trouvaient déjà deux dépôts d'artillerie, deux de chasseurs à pied et deux d'infanterie, tous sans effectif.

« Un bataillon du 21e de ligne, laissé à Haguenau pour protéger la gare, se trouva coupé de l'armée et obligé de se replier sur Strasbourg. Deux détachements des 74e et 78e de ligne, venant du Haut-Rhin, arrivèrent à Strasbourg après la bataille, ne purent pas rejoindre leurs corps respectifs et fournirent un nouvel appoint à la défense.

« A ces troupes, il faut ajouter deux petits bataillons de douaniers, quatre de la garde nationale mobile, trois batteries de cette même arme et un détachement de marins appartenant à la flottille du Rhin (1).

« Il faut ajouter enfin 1.000 hommes environ appartenant à presque tous les corps de l'armée qui s'enfuirent du champ de bataille et se réfugièrent à Strasbourg, sans armes et sans sacs pour la plupart. Ce surcroît numérique n'en fut pas un, tant s'en faut, de force morale. De ces débris, j'ai formé deux régiments de marche, l'un d'infanterie, l'autre de cavalerie, et je leur ai nommé des cadres en officiers, sous-officiers et caporaux.

« Tous ces éléments, véritable habit d'arlequin, ne me fournirent pas plus de 10.000 combattants, ville et citadelle.

« Rien n'avait été préparé pour mettre en état de défense cette ville qui n'a aucun fort, aucun ouvrage détaché; tout était à faire de ce côté; des magasins à poudre, bondés de munitions, n'étaient même pas recouverts de terre. Il y avait, en outre, à organiser,

(1) Il y a ici une petite erreur à relever. Un seul bataillon des douanes faisait partie de la garnison: il était fort de 19 officiers et 300 hommes; par contre, on comptait neuf batteries d'artillerie de la garde mobile d'un effectif de 29 officiers et 630 canonniers.

habiller, équiper et armer la garde mobile que j'avais convoquée et qui n'avait jamais été rassemblée, même pour un appel. Les mêmes opérations étaient à faire pour les régiments de marche.

« La journée du 6 août nous surprit au milieu de ces embarras; le 8, nous étions sommés de nous rendre; le 10, l'investissement était complet et le bombardement préludait le 14.

« Je vais aborder la longue série de reproches que le Conseil d'enquête a mis à ma charge.

« Mais je dirai d'abord que la balance, emblème de la justice, a deux plateaux, un pour le bien, l'autre pour le mal. Celle dont le Conseil s'est servi à mon égard n'avait qu'un seul plateau, celui du mal. Rien n'a trouvé grâce à ses yeux; tout a été mal conçu, mal conduit, mal terminé. A qui fera-t-on croire, cependant, qu'un homme qui a de l'expérience, une certaine habitude du métier, qui, je crois pouvoir le dire, avait sa part d'estime dans l'armée, à qui fera-t-on croire que cet homme n'a rien fait de bien dans ce poste si tourmenté, qu'il avait sollicité comme une faveur, comme devant être le couronnement d'une longue vie militaire? Il eût mieux fait de ne pas prendre part à la guerre. Qui sait? Peut-être ferait-il aujourd'hui partie d'un Conseil d'enquête chargé de juger les travailleurs.

« J'ai parlé devant le Conseil d'enquête comme je l'aurais fait devant un Conseil de guerre, sous la foi du serment; j'ai dit la vérité, rien que la vérité, peut-être pas toute la vérité.

« 1° *Indiscipline dans la garnison.* — Un bataillon du régiment de marche et deux escadrons du régiment de cavalerie de marche, à qui j'avais confié quatre canons pour faire une grande reconnaissance, abandonnèrent presque sans combat trois de ces pièces et se réfugièrent en désordre sur la place. Tous étaient également coupables; je ne crus pas pouvoir sévir autrement qu'en les livrant à leur propre honte et au mépris de la garnison.

« A ce sujet, un membre du Conseil m'a vivement reproché de ne pas avoir institué des cours martiales à Strasbourg. Ce pouvoir de faire ou de modifier des lois ne m'appartenait pas; le décret qui ordonne la formation de ces tribunaux exceptionnels est daté du 2 octobre, tandis que Strasbourg est tombée le 28 septembre.

« Deux fois il y a eu dans la garde mobile, de la résistance et presque refus de marcher; la première fois, ce fut un bataillon qui donna le mauvais exemple; la seconde fois, une compagnie. L'arrivée du commandant de place suffit chaque fois pour rétablir l'ordre. Enfin, un bataillon de douaniers refusa un jour de marcher, mais l'énergique intervention du directeur des douanes ramena les égarés à l'obéissance.

« Ces troupes ne pouvant pas être assimilées à l'armée régulière, j'ai cru prudent de fermer les yeux et de laisser la répression à la discipline intérieure. A part ces incidents, je n'ai jamais rencontré de difficultés dans l'exercice du commandement.

« La garde nationale sédentaire était chargée de maintenir l'ordre dans la cité; elle occupait le poste de la mairie et celui de la prison civile. Un jour où le bombardement était plus serré qu'à l'ordinaire, les gardes nationaux de service abandonnèrent leur poste qu'il fallu faire réoccuper par la garnison. Cette faiblesse, bientôt réparée, ne se reproduisit plus.

« Disons, à l'honneur de la garde nationale, qu'elle a fourni une batterie d'artilleurs volontaires qui ont noblement occupé leur place au bastion 12, le plus maltraité de tous, et ensuite au bastion 4. C'est dans cette même garde que se formèrent successivement : une compagnie de francs-tireurs commandée par le brave Liès-Bodard, professeur à l'Académie, âgé de cinquante-cinq ans; puis une compagne franche composée d'anciens soldats et, enfin, une troisième compagnie qui était en formation au moment de la capitulation.

« Ces corps de volontaires ont pris une part glorieuse à la défense de la place.

« Le reste de la garnison, artilleurs, fantassins, gardes mobiles et marins, ont également fait leur devoir avec un dévouement de chaque jour; tous ont le droit de s'enorgueillir d'avoir assisté à ce siège qui n'a pas de précédent dans notre histoire militaire. Il serait injuste de ne pas faire la part des intrépides pompiers dont le zèle ne s'est pas ralenti un instant et qui ont toujours continué la lutte contre l'incendie, alors même qu'ils étaient certains de l'impuissance de leurs efforts.

« Les ouvriers civils doivent être mentionnés; ils ont souvent payé de leur sang, leur participation à la défense.

« Enfin, la population, par son attitude ferme et patriotique, par sa résignation, a fait mon admiration.

« 2° *Incendie des fusées de l'artillerie.* — Où aurait-on pu placer les fusées pour les mettre à l'abri du feu? Les casemates étaient bien loin de pouvoir abriter la garnison; d'un autre côté, les règlements de l'artillerie interdisent formellement (et ils sont sages en cela), de mettre dans les mêmes magasins les poudres et les artifices. Dès lors, il n'y avait d'autre local que l'arsenal.

« 3° *Blindages.* — Pour établir des blindages, il faut du bois, du temps et des ouvriers; les deux derniers de ces éléments faisaient défaut.

« 4° *Les galeries de mines.* — Strasbourg n'ayant pas même un détachement de troupes du génie, la guerre souterraine était impossible. Nous avons cherché à détruire les galeries permanentes qui existaient, le succès n'a pas répondu entièrement à notre attente. Le Conseil d'enquête me reproche de ne pas avoir créé des compagnies auxiliaires du génie. On n'improvise pas des sapeurs et des mineurs. J'ai, d'ailleurs, créé une compagnie d'ouvriers auxiliaires pris dans tous les corps de la garnison et mis à la disposition du génie.

« 5° *Palissadement.* — Cette opération a marché aussi rapidement que possible avec les moyens dont nous disposions; les palissades, d'ailleurs, étaient renversées par le canon ennemi, presque aussitôt qu'on les dressait. Les ouvriers civils ont eu dans ces travaux 13 tués et 33 blessés et ont dû abandonner plusieurs fois leur poste lorsque le danger devenait trop grand.

« Avec l'artillerie nouvelle, les chemins couverts pouvant être enfilés sans difficulté, leur rôle dans la défense s'efface beaucoup. J'affirme que, si le palissadement avait été complet dès l'ouverture du siège, la défense n'aurait pas pu être prolongée.

« 6° *Défense plus passive qu'active.* — Tel a été, en effet, le rôle auquel nous avons été condamnés par les circonstances, par la faiblesse numérique et la composition de la garnison. Il a, du reste, été fait cinq sorties en reconnaissances, d'une certaine importance, sans compter les petites sorties très fréquentes que faisait la garnison de la citadelle, ni celles des francs-tireurs.

« 7° *Registres.* — Ici, j'ai une confession à faire. Le registre que, personnellement, je devais tenir, a été remplacé par des feuilles volantes rédigées à la hâte, et que je voulais écrire avec plus de soin lorsque j'en aurais le loisir. Ces feuilles m'ont été soustraites avec beaucoup d'autres papiers, le 28 septembre, pendant que j'assistais à la triste cérémonie du défilé de la garnison sur les glacis de la place. Je me reconnais blâmable pour ce fait.

« 8° *Abattage des arbres et des constructions extérieures.* — Il aurait fallu bien des mois de travail et bien des ouvriers, pour faire disparaître ce qu'une excessive tolérance avait permis de construire ou de planter dans la zone militaire depuis 1815. J'ai donc ordonné d'abattre d'abord ce qui gênait le plus nos vues et ce qui pouvait servir d'abri à l'ennemi. Il est aussi injuste qu'inexact de dire qu'il y a eu d'autres préférences que celles basées sur les motifs ci-dessus indiqués.

« 9° *Demande de capitulation par le Conseil municipal, le 19 septembre et reddition de Strasbourg le 27.* — Le rapprochement entre ces deux dates laisse percer une pensée malveillante pour moi, et ce n'est pas la seule qui se soit manifestée pendant ma comparution devant le Conseil.

« Le 27, à midi, je ne me doutais pas encore que la reddition de la ville était si prochaine. Ne sait-on pas qu'à la guerre, non pas huit jours, mais un seul jour, mais quelques heures suffisent pour changer du tout au tout les positions des armées ennemies? Le maréchal de Mac-Mahon n'était-il pas en droit de dire le 3 août, qu'il espérait battre l'armée allemande et, cependant, le 6, il était vaincu, bien honorablement vaincu.

« Est-ce justice au rapport de dire que j'ai exposé au Conseil de défense la situation de la place et pris l'avis de chacun des membres, sans ajouter que la réponse fut unanime en faveur de la capitulation immédiate. Un seul membre, le général Barral, a ajouté que, peut-être, on pourrait tenir *un jour de plus*; et encore, m'a t-il dit plus tard, que le cœur lui battait en parlant ainsi, car il craignait de voir son avis adopté et la ville enlevée peut-être avant vingt-quatre heures.

« C'est, dit le rapport, en opposition formelle avec le règlement, que je suis entré en négociations pour la reddition de la place.

« Comment! Strasbourg est la seule place forte devant laquelle la tranchée de siège a été ouverte, la seule qui ait eu deux brèches à son corps de place, dont l'une, quoi qu'on dise, était praticable. Strasbourg a vu anéantir son artillerie, détruire ses remparts, raser et incendier sa citadelle; Strasbourg a perdu plus du quart de sa garnison; près de 1,200 de ses habitants ont été atteints par les projectiles ennemis et plus de 10,000 étaient sans abris; ses monuments, un tiers de ses maisons ont été brûlés ; elle n'avait aucun secours à attendre de l'extérieur; dans ces terribles conditions, elle a résisté pendant près de deux mois sous une pluie de 200,000 projectiles d'une puissance inconnue jusqu'ici; et *l'honneur ne serait pas satisfait?* En quoi donc réside l'honneur?

« Et vous ne trouvez pas un mot de sympathie pour cette malheureuse ville! Si c'est un oubli, il est bien regrettable. Population, garnison, tous ont fait leur devoir, tous ont droit à l'estime de la France.

« Il y a peu de pages blanches dans l'histoire de cette terrible guerre. Strasbourg en était une; la voilà souillée comme les autres, peut-être. A qui en reviendra le bénéfice?

« 10° *Brèches.* — Ainsi que vinrent m'en rendre compte le colonel et le lieutenant-colonel du génie, le 27 septembre, vers deux heures de l'après midi, la brèche du bastion 11 était praticable et nous pouvions être assaillis dès le 28 au matin.

« Nous n'avions pas une chance sur mille de repousser l'assaut. Avant de le livrer, l'ennemi, aurait fait converger tout le feu de sa puissante artillerie sur la brèche et ses abords. Il aurait anéanti ou dispersé les colonnes destinées à repousser l'assaut et serait entré dans la place sans coup férir.

« Devais-je exposer Strasbourg aux horreurs d'un assaut, à un sac peut-être? Devais-je me rendre coupable d'un pareil acte d'inhumanité? Je ne l'ai pas cru, et à mon lit de mort je me féliciterai encore de ne pas avoir commis cette coupable et monstrueuse folie.

« Quant à la praticabilité contestée de la brèche, j'ai pour l'affirmer le récit écrit du capitaine de cavalerie Liston, demeurant actuellement au 31 de l'avenue de la Motte-Piquet. Cet officier sortit de Strasbourg le 29 au matin, alla jusqu'à Schiltigheim et revint librement en suivant les tranchées allemandes, traversa les fossés sur des planches disposées déjà et rentra à Strasbourg en escaladant la brèche, sans être obligé, ajoute-t-il, de faire aucun effort gymnastique.

« 11° *Incinération des drapeaux.* — Il semblerait en lisant cette partie du rapport, que les drapeaux de la garnison de Strasbourg sont tombés entre les mains de l'ennemi. Nous n'avions que deux drapeaux qui furent lacérés et partagés. Un chef de corps vint le 28 au matin, me demander ce qu'il devait faire de son drapeau : « Colonel, lui répondis-je, il est des choses que l'on ne demande pas. » Le drapeau fut détruit.

« 12° *N'avoir pas fait enclouer les canons, ni noyer les poudres.* — Le règlement y oblige-t-il? Je comprends qu'un commandant de poste militaire tel qu'une citadelle, ne pouvant pas prolonger sa défense, encloue ses canons, noie ses poudres et ouvre ses portes en disant aux assiégeants : « Entrez, Messieurs, la place est à vous. »

« Mais lorsqu'on a derrière soi une population de 80,000 âmes, il faut traiter avec l'ennemi, obtenir des adoucissements pour ces malheureux qui ont déjà tant souffert dans leurs biens et dans leurs personnes. Avant la convention arrêtée, il n'est pas possible de détruire ses munitions, car les conditions offertes pourraient être telles qu'il vaudrait mieux mourir tous, que de les subir.

« Dès que la capitulation a été consentie de part et d'autre, le commandant de la place assiégée est lié, il est engagé d'honneur à remettre la ville dans l'état où elle se trouvait au moment de la signature. Telle est du moins ma manière de voir; je la crois conforme à la justice et à l'honneur.

« 13° *Honneurs de la guerre.* — Les honneurs de la guerre ont été accordés à la garnison qui est sortie de la ville avec armes et bagages. Quant aux officiers, qui sont également sortis avec leurs épées, ils ont dû s'en séparer avant d'entrer en Allemagne. Cette clause était bien dure sans doute, mais nous subissions la loi du vainqueur. La France n'a-t-elle pas dû se soumettre à des conditions bien autrement douloureuses? Le texte de la capitulation de Strasbourg a d'ailleurs été calqué sur celle de Sedan.

« 14° *Acceptation du revers prussien.* — Ainsi que je l'ai dit au Conseil d'enquête, jamais je n'aurais accepté le premier un tel article dans une capitulation, mais lorsque j'ai appris que la convention de Sedan avait été longuement discutée par le haut Conseil de guerre et en présence du chef de l'État, je ne me suis pas cru le droit, je l'avoue, de priver les officiers de la garnison de Strasbourg, d'une faculté qui avait été laissée à ceux d'une armée entière.

« Telle est, je ne dis pas l'excuse, mais l'explication que je puis donner en me soumettant au jugement des hommes compétents. Il serait équitable, en appréciant tous les faits de cette guerre, de tenir compte de cette situation sans précédents dans laquelle nous nous sommes trouvés, de ce tourbillon, de cette tempête qui nous ont enveloppés et qui ne nous ont pas toujours donné le temps de la réflexion.

« J'ai moi-même profité du revers pour aller à Tours, rendre compte de la perte de Strasbourg et demander pour ma garnison des récompenses bien méritées. Le rapport dit que c'est là un prétexte spécieux. Il se trompe, car si j'étais allé en Allemagne, je n'aurais pas pu correspondre avec le ministre de la guerre français et après la captivité je n'aurais pas eu le quart de ce que j'ai obtenu. C'est là ma consolation en présence d'un jugement sévère, quoique peut-être mérité.

« Au demeurant, quel est l'homme qui peut étaler sur le volet les deux mois les plus tourmentés de sa vie et dire : Prenez vos lampes, messieurs, examinez en détail, vous ne trouverez rien de négligé, rien d'omis, rien qui aurait pu ou dû se faire autrement.

« Je ne suis pas cet homme, moi qui n'ai d'autre prétention que celle d'avoir fait de mon mieux, dans la mesure de mes forces et de mon dévouement au devoir.

« Je crois pouvoir dire sans immodestie que Strasbourg a résisté autant que cela a été possible. A ce propos, je rappellerai que M. le général Ducrot, qui a longtemps commandé à Strasbourg et a beaucoup étudié les qualités et les défauts de cette place, a publié, il y a quelques années, une brochure dans laquelle il disait qu'il se faisait fort de la prendre en huit jours. Remarquons que lorsqu'il écrivait cela, il ne connaissait pas l'artillerie prussienne dont la puissance destructive nous a été si fatale.

« En terminant, je réitère la demande que j'ai faite de publier ce mémoire justificatif.

« C'est l'organe du gouvernement, c'est le *Journal officiel de la République Française* qui a fait connaître au monde entier le rapport du Conseil d'enquête sur la capitulation de Strasbourg; la justice la plus élémentaire veut que l'accusé puisse faire connaître sa défense.

« Paris, le 28 mai 1872.

« *Le général de division, ex-commandant supérieur de Strasbourg*,

« UHRICH. »

A la suite de cette publication, le Ministre de la guerre infligea au général Uhrich quinze jours d'arrêt, pour avoir, sans autorisation, publié une réponse au rapport du Conseil d'enquête.

D'autres voix autorisées s'élevèrent pour protester à leur tour contre ce jugement et pour réclamer instamment une contre-enquête.

Citons celle du préfet du Bas-Rhin, baron Pron, affirmant que jamais un sentiment de défiance contre la population de Strasbourg, ne lui était entré dans le cœur; celle du colonel Saglio, commandant la garde nationale de Strasbourg; celle des officiers de cette même garde, encore présents à Strasbourg : MM. Guéprat, lieutenant-colonel ; Mareux, chef de bataillon ; Hering, Ungemach, Bourlet, Weiss, Carrière, Dietrich, Eissen, Ghesquière, Kolb, Heimburger, capitaines, MM. Strasser, Goepp, Habersperger, lieutenants ; Lefèvre, adjudant (1).

Mentionnons encore la vigoureuse épître adressée, dans le même but, au président du Conseil d'enquête, par M. A. Schnéegans, ancien membre de la municipalité de Strasbourg, ancien député de l'Alsace, à ce moment rédacteur en chef du *Journal de Lyon* (2).

Voici maintenant le texte de la déclaration du Conseil municipal de Strasbourg, approuvée et signée par tous les membres présents à la séance du 29 mai 1872 :

Le Conseil municipal de Strasbourg,

Après avoir pris connaissance de l'avis exprimé par le Conseil d'enquête sur la capitulation de cette ville;

Sans s'arrêter autrement aux considérations émises dans ce document au point de vue militaire, que pour déplorer que Strasbourg, ce boulevard de la France, ait été dès les premiers jours de l'invasion, abandonnée par l'Empire, sans troupes et sans moyens sérieux de défense.

Considérant que le Conseil d'enquête, indulgent pour ceux qui ont si honteusement trahi leur devoir de pourvoir à la défense de

(1) N° du 29 mai 1872 des Affiches de Strasbourg.

(2) A la date du 24 mai 1872.

nos frontières, réserve toutes ses rigueurs pour les victimes de cette coupable incurie et blâme notamment l'attitude de la garde nationale de Strasbourg pendant le siège de cette ville ;

Considérant que ce jugement s'appuie sur des renseignements que le Conseil municipal, représentant légal de la population, repousse comme contraires à la vérité et qu'aurait certainement démentis le préfet républicain de Strasbourg, M. Valentin, s'il avait été appelé à déposer devant le Conseil d'enquête.

Considérant que dès le lendemain de la bataille de Froeschwiller, la population valide, comprenant un grand nombre d'anciens militaires, a demandé énergiquement et à plusieurs reprises, à prendre une part active à la défense de la place, mais que ce mouvement patriotique a été enrayé et étouffé par les autorités, qui, bien à tort, s'obstinèrent à y découvrir des manifestations anarchiques.

Qu'en effet, obligés de céder à la pression de l'opinion publique, les autorités n'ont fait procéder qu'à une organisation incomplète de la garde nationale, choisissant elles-mêmes et les hommes et les officiers, et se laissant souvent guider dans leur choix par des considérations politiques plutôt que par l'intérêt de la défense.

Considérant que les autorités n'ont mis à la disposition de cette garde nationale ainsi improvisée que deux mille fusils, ancien modèle, arme dérisoire si elle devait servir à la défense de la place et qu'elles n'ont d'ailleurs jamais songé à régler sérieusement le service dont cette garde civique devait être chargée.

Considérant que malgré cette méfiance immédiate dont la population civile a été l'objet de la part de l'autorité et dont la responsabilité incombe surtout à l'administrateur du département, M. Pron, alors préfet, aucun citoyen n'a jamais quitté le poste qui lui a été régulièrement assigné : que les corps spéciaux surtout, composés de volontaires, tels que les pompiers, dont l'effectif fut doublé; les artilleurs, les francs-tireurs et la compagnie franche se sont exposés jusqu'au dernier moment au feu de l'ennemi et ont fait de cruelles pertes sur les lieux d'incendie, sur les remparts et dans les sorties.

Considérant que les autres citoyens faisant partie de la garde nationale, ont spontanément contribué aux lieu et place de la garnison, au maintien de la police intérieure et qu'il est absolument faux qu'ils aient refusé les services commandés.

Considérant d'un autre côté que pendant toute la durée d'un bombardement de quarante jours, de nombreux habitants, hommes et femmes, ont été constamment sur pied, sans crainte des projectiles, les uns pour suppléer à l'insuffisance absolue de l'intendance, en organisant et soignant de nombreuses ambulances, les autres, pour loger dans des abris improvisés, dix mille habitants sans asile, d'autres enfin, pour installer des restaurants populaires pour toutes ces familles sans pain.

Que, sans doute, les citoyens que leurs devoirs militaires ou les autres missions d'intérêt général ne mettaient pas en réquisition, ont organisé des mesures pour sauver leurs propriétés et celles de leurs voisins de l'incendie qui, sans eux, menaçait tous les quartiers; mais qu'on ne comprend pas que par là ils aient mérité le blâme ou le reproche de lâcheté que semble leur infliger le Conseil d'enquête, à plus forte raison qu'en s'occupant de ces mesures, ils exposaient leur vie et empêchaient la ville de devenir un énorme brasier.

Considérant que tous ces faits sont notoires et peuvent au besoin être prouvés par des documents authentiques et par des témoins dignes de foi; que notamment le rapport officiel, si simple et si vrai de l'honorable général Uhrich sur la capitulation de Strasbourg, « rend hommage au patriotisme des habitants, à leur abnégation, à leur dévouement qu'on ne saurait trop louer;

Qu'il est dès lors étrange que le Conseil d'enquête n'en ait pas eu connaissance et qu'il ait cru devoir dans un acte de procédure rendu public et sans avoir entendu toutes les parties intéressées, stigmatiser une population qui a bravement rempli son devoir pendant et après le siège et qui, rançon malheureuse de la France, ne devait pas s'attendre à voir un tribunal d'honneur français troubler sa patriotique douleur par un verdict aussi inique qu'immérité;

Par ces motifs, le Conseil municipal proteste de toutes ses forces au nom des habitants, contre le jugement porté par le Conseil d'enquête sur l'attitude de la garde nationale et par conséquent sur celle de la population civile et exprime le vœu qu'une contre-enquête soit ouverte, dans laquelle on reçoive les dépositions de toutes les personnes qui possèdent à ce sujet des renseignements précis et authentiques.

LAUTH, maire; IMLIN, HUEBER, WEYER, GOGUEL. adjoints; BARTH, GROUVEL, HUCK, SCHWEIGHAEUSER, SCHNEIDER, PETITI, HATT. BERGMANN. KLEIN, KABLÉ, SCHÜTZENBERGER, EISSEN. RŒTHLISBERGER, STROMEYER, SEYBOTH, RUHLMANN, BURGER, HENRY. LICHTENBERGER. WOLFF, SOHN, FLACH, DIETRICH. TOUCHEMOLIN. KRAFFT, LÉVY. BRUNSWICK, conseillers.

PETITE BANNIÈRE DE STRASBOURG

PARIS. — IMP. CHARLES SCHLAEBER, 257, RUE SAINT-HONORÉ

www.ingramcontent.com/pod-product-compliance
Ingram Content Group UK Ltd.
Pitfield, Milton Keynes, MK11 3LW, UK
UKHW031833260826
14628UKWH00001B/364